根据教育部《中小学书法教育指导纲要》和《义务教育语文课程标准》编写

规范书写知识与能力
基本笔画

阎志峰 主编

民主与建设出版社
·北京·

图书在版编目（CIP）数据

规范书写知识与能力. 基本笔画 / 阎志峰主编. --
北京：民主与建设出版社，2023.9
ISBN 978-7-5139-4347-5

Ⅰ.①规… Ⅱ.①阎… Ⅲ.①书法课－中小学－教学
参考资料 Ⅳ.①G634.955.3

中国国家版本馆CIP数据核字（2023）第171936号

规范书写知识与能力·基本笔画
GUIFAN SHUXIE ZHISHI YU NENGLI JIBEN BIHUA

主　　编	阎志峰
责任编辑	董　卉　唐　睿
封面设计	张雪剑
出版发行	民主与建设出版社有限责任公司
电　　话	（010）59417747　59419778
社　　址	北京市海淀区西三环中路10号望海楼E座7层
邮　　编	100142
印　　刷	廊坊市旭日源印务有限公司
版　　次	2023年9月第1版
印　　次	2024年2月第1次印刷
开　　本	710毫米×1000毫米　　　1/16
印　　张	9
字　　数	192千字
书　　号	ISBN 978-7-5139-4347-5
定　　价	168.00元

注：如有印、装质量问题，请与出版社联系。

编委会

"规范书写知识与能力"丛书由
河北省教育科学研究"十三五"规划
"书法教育的学科规范与课程教学模式的创新研究"
课题组编撰

编委会主任

宗欢记

本辑主编 郭玉梅

副 主 编 贾 特

编委(按姓氏拼音为序)

范宝林　高智军　耿宗科　郭玉梅　贾 特　李 淮　李金海
李 伟　陶月华　王 增　王志虎　吴广生　许九奎　阎志峰
杨雅清　张淑敏　张文云　赵志同　宗欢记

顾问

于茂宏　陈联合

前　言

自党的十八大以来，以习近平同志为核心的党中央高度重视中华优秀传统文化的传承发展，始终从中华民族最深沉精神追求的深度看待优秀传统文化，从国家战略资源的高度继承优秀传统文化，从推动中华民族现代化进程的角度创新发展优秀传统文化。习近平总书记指出："博大精深的中华优秀传统文化是我们在世界文化激荡中站稳脚跟的根基。""讲清楚中华优秀传统文化是中华民族的突出优势，是我们最深厚的文化软实力。"

汉字和以汉字为载体的中国书法是中华民族的文化瑰宝，它与中国文化相表里，与中华民族精神成一体。中国的书法教育有悠久的历史。除了在民间流行的师徒相传的书法教育外，官办机构也有书法教育的内容。据《周礼·地官·保氏》记载，"六艺"的教育内容中就包括书法。后来，汉代的鸿都门学、唐代的弘文馆等，都是包括书法教育在内的文化机构。特别是在唐代，国子监中就设有书法教育的书学；在选拔人才时，还有"以书取士"的制度。

当下，书法教育成为国家文化发展和教育发展两大战略的交汇点，开展书法教育是贯彻党的二十大精神中发展素质教育、传承中华优秀传统文化、推进文化自信自强的重要体现和具体行动。教育部高度重视书法教育，1998 年印发《九年义务教育全日制小学写字教学指导纲要（试用）》，2002 年印发《关于在中小学加强写字教学的若干意见》，2011 年印发《关于中小学开展书法教育的意见》，2013 年印发《中小学书法教育指导纲要》（以下简称《纲要》）。从写字教学到书法教育，从意见到纲要，教育部对书法教育的重视程度上升到前所未有的高度。

2013 年是我们国家"十二五"规划的第三年，《纲要》印发以后，全国涌现了一大批书法教育的课题研究，我们也进行了规范汉字书法教育研究与实践，从 2014 年到 2019 年这五年当中，我们进行了深入的研究，有几项创新，譬如：习字格的创新、学习内容的创新设计，这当中最关键的一项创新，是我们把传统的写字课程和现代信息技术融合，研发了规范汉字书写数字化教学系统。2020 年，我们申报了"十三五"的课题，在"十二五"课题研究的基础上进一步深入研究书法教育的学科规范与课程教学模式的创新。

河北省教育厅关心下一代工作委员会持续发挥"五老"优势，着力为青少年成长成才办实事解难事，一直关注教育、引导、关爱青少年规范书写，在规范书写教学方面发挥着独特优势和重要作用。2021年，河北省教育厅关心下一代工作委员会联合河北省语言文字工作者协会、河北省教育捐助爱心联合会共同发起全省性的规范汉字书写实验教学。实验教学以规范汉字书写数字化教学系统为工具，检验它的教学效能，推进规范汉字书写教学高质量发展。

为了指导规范汉字书写实验教学，我们依据《义务教育语文课程标准（2011年版）》编写了这套中小学"规范书写知识与能力"丛书。2022年4月教育部印发《义务教育语文课程标准（2022年版）》后，我们根据新课标进行了修订。这套"规范书写知识与能力"丛书是分学段编写的，可以帮助教师循序渐进地安排学习内容，设计学习活动，落实学习目标。

依照《纲要》，我们安排的硬笔课程贯穿义务教育阶段，软笔课程从三年级开始设置，学习内容为欧阳询楷书。课程安排注重循序渐进，由浅入深，从汉字的基本笔画、偏旁部首、组合规律，到运笔、结体和章法，分编若干模块，模块内容按"讲"设置，教师可以根据实际合理安排教学。

原国家语言文字工作委员会成员、语文出版社副编审、《语言文字报》主编、中国语文报刊协会规范汉字书写专业委员会副理事长于茂宏先生，中国硬笔书法协会副主席、中国楹联学会名誉副会长陈联合先生，非常关心本书的编写，给予指导，对此我们深表谢意。参与本书编写的成员，有中国书法家协会会员、中国硬笔书法协会会员，有书法注册讲师，有基层老师和干部，经验丰富但囿于学识水平，不妥与疏忽之处在所难免，若各地教师在使用过程中发现问题，请及时反馈给我们，以便再版时修正。

编 委 会
2023 年 5 月

目　录

第一编　讲授内容

一年级

二年级

第二编　讲授方法

第三编 书法文化与欣赏

第一编 讲授内容

一年级

第1讲 十字八点格

一、学习目标

1.认识并了解十字八点格，熟悉十字八点格与田字格的区别与应用。

2.观察八点位置，掌握十字八点的使用方法。

3.感受汉字的结构美，培养学生良好的书写习惯。

二、学习重点、难点

重点：十字八点格的点位名称。

难点：十字八点格中隐藏的点位。

三、实操建议

1.演示十字八点格中十字与八点的作用：定位笔画与结构。

2.帮助学生记忆十字八点格的点位名称，并能发现隐藏的点位。

示范指导：

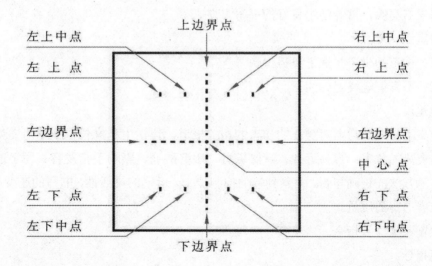

十字八点格 专利号：ZL201920590099.3

十字：横中线、竖中线界定了汉字的书写区域；横中线界定了上下结构的汉字书写，竖中线界定了左右结构和复杂结构的汉字书写。

八点：可定长短、定方向、定主笔、定起笔、定重心、定宽窄、定大小。

隐藏点：

1.上方四点连接的直线上任意一点统称为上点，下方四点连接的直线上任意一点统称为下点；

2.利用界点到中心点的距离，取中间点来界定笔画的书写位置，如：上界点到中心点的中间，左界点到中心点的中间；

3.点与点的中间界定笔画的书写位置，如：左点与左中点的中间，右中点与右点的中间。

四、课堂总结

1.认识十字八点格的点位。

2.提醒学生日常书写时借助十字八点格的定位规范书写。

第2讲 规范的坐姿和握笔姿势

一、学习目标

1.了解规范的坐姿和握笔姿势的重要性以及不良姿势的影响，熟悉掌握规范的坐姿和握笔姿势的训练动作。

2.学会书写时保持规范科学的坐姿与握笔姿势。

3.感受书写美，培养学生良好的书写习惯。

二、学习重点、难点

重点：规范的坐姿与握笔姿势口诀。

难点：不良握笔姿势的纠正。

三、实操建议

1.搜集不良书写习惯对身心的伤害的相关报道，让学生和家长重视书写姿势。

不良姿势的危害：容易近视、弯腰驼背、手臂酸痛、影响手指发育、写字速度慢。

2.握笔方法的正确与否，关系到笔的控制能力，运笔的灵活性，书写的速度与力度，直接影响着书写的质量。

3.设置课堂口号指令："坐姿——端正"。

示范指导：

1.结合《正姿歌》示范讲解规范的坐姿与握笔姿势。

规范的坐姿：在立正的基础上与课桌边平行自然落座，头要正，微前倾，肩要平，背要直，两腿自然弯曲，双脚踏地，两膝外展与肩同宽。

规范的握笔姿势：右手执笔，用大拇指和食指轻轻地捏住笔杆，食指稍靠前，大拇指稍靠后，捏住的位置距离笔尖约一寸，中指指甲根部托住笔杆的后下方，形成一个稳定的三角形；将笔杆压到食指根部第一骨关节的位置；无名指和小拇指自然弯曲；就像手里握着一个圆筒冰激凌。

规范的书写姿势：小拇指自然弯曲贴紧纸面，结合手掌内侧、腕骨形成稳定的书写支撑面。两臂搭成三角形，小臂一半以上接触到桌面上，左手按本，右手书写。练习本放在胸前正前方偏右一点，保证眼睛看到笔尖的运行轨迹。

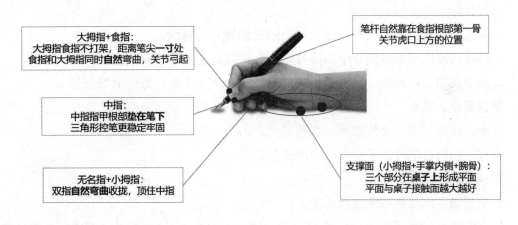

大拇指+食指：
大拇指食指不打架，距离笔尖一寸处
食指和大拇指同时**自然弯曲**，关节弓起

笔杆自然靠在食指根部第一骨
关节虎口上方的位置

中指：
中指指甲根部**垫在笔下**
三角形控笔更稳定牢固

无名指+小拇指：
双指**自然弯曲**收拢，顶住中指

支撑面（小拇指+手掌内侧+腕骨）：
三个部分在**桌子**上形成平面
平面与桌子接触面越大越好

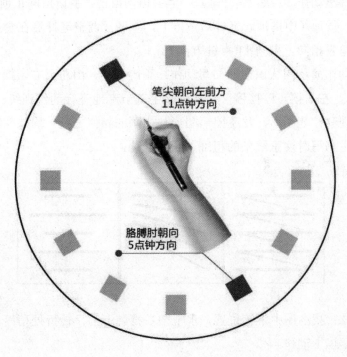

笔尖朝向左前方
11点钟方向

胳膊肘朝向
5点钟方向

2.纠正训练学生握笔动作。笔杆垂直，笔尖指向自己，手指指向正前方，①捏（拇指食指捏起笔），②顶（中指顶起笔杆后下方），③调（调整笔杆靠在食指根部第一骨关节位置；调整笔尖指向，指向11点钟方向）。

四、课堂总结

通过口令、儿歌、练字歌等方式提醒学生规范的书写姿势；通过捏、顶、调等动作，纠正训练学生的握笔姿势。

第3讲 横的书写动作

一、学习目标

1.熟练掌握横的书写动作，保证行笔的稳定性与流畅性。

2.通过描绘图形训练提升学生的控笔能力，提高手指手腕灵活度。

3.感受汉字的律动美，激发学生的书写兴趣，培养学生良好的书写习惯。

二、学习重点、难点

重点：姿势正确，动作准确，指腕灵活。

难点：摆腕行笔时，手指不动；纠正错误书写方式。

三、实操建议

1.手指操训练增强指腕肌肉力量。

2.训练学生握笔动作30次。笔杆垂直，笔尖指向自己，手指指向正前方，①捏（拇指食指捏起笔），②顶（中指顶起笔杆后下方），③调（调整笔杆靠在食指根部第一骨关节位置；调整笔尖指向，指向11点钟方向）。

3.通过横画动作演示图认识横的书写动作：正确握笔，由左至右，摆动手腕。设置动作口令"1-0-5，左右摆，停摆停"，帮助学生有节奏地进行动作训练。

4.引导学生观察控笔图形，发现控笔图形与横画的相似之处：均从左向右，书写动作相同。提醒学生书写时注意线条的粗细、长短变化。

控笔训练指导：

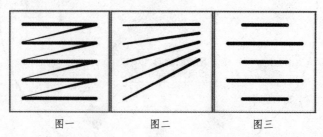

图一　　　　　　　图二　　　　　　　图三

图一练习方法：找准图中下笔位置，水平向右摆腕书写，转折处稍停，再摆腕向左下书写，连续重复以上动作。

要求：左向右摆腕的线是平的，间距相等；向左下摆腕的线是斜的，由重到轻。

图二练习方法：找准图中下笔位置，从左向右，由下到上摆腕书写，注意倾斜角度，重复以上动作。

要求：线条由上至下书写角度逐渐增大。

图三练习方法：快速连续摆动，一短一长，重复以上动作。

要求：快速摆动时，线条有长短变化。

四、练习巩固

1.教师根据控笔练习的目的（增强指腕力，纠正书写姿势，提高控笔能力）有针对性地进行训练。

2.本课训练易混点：只追求图形的相似度，而不是感受动作来自然写出图形；书写时未使用摆腕技巧；线条不流畅。

五、课堂总结

1.摆腕动作是汉字书写的两个核心动作之一，非常重要，既可以帮助学生写好笔画，还可以帮助学生纠正不良书写姿势，如：勾手腕的现象。

2.解决学生书写时常见的错误。

第4讲 横画的应用

一、学习目标

1.认识并掌握横画及示范字的书写方法，熟练掌握横画的应用规律。

2.观察长短横在字中起笔、收笔的位置，掌握横画在书写时的动作。

3.感受书写美，激发学生的书写兴趣，培养学生良好的书写习惯。

二、学习重点、难点

重点：长、短横书写的长度；横画的书写动作。

难点：长、短横起笔、收笔的位置；横画书写的角度变化；横画的书写动作。

三、实操建议

1.演示横画的书写动作：正确握笔，由左向右，摆动手腕。

2.引导学生观察横画的长短形态，讲解横画的书写方法。

长横：起笔先停，行笔轻快，收笔停稳，用手腕发力，使其中间略呈弧势，形成自然有左低右高的态势。

短横：轻入笔，从左向右行笔，稳笔停，体会短平快，略有右上斜势。

示范字指导：

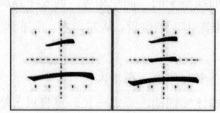

"二"字的书写方法：第一笔短横，在上点与横中线中间，微上扬；第二笔长横，在横中线与下点中间；两横长短分明，第二横稍平。

"二"字的书写位置：短横对位左右中点；长横对位左右点，最长可至左右界点。

应用规律：多横长短分明；底横写平。

"三"字的书写方法：第一笔短横，在上界点与横中线中间；第二笔横画最短；第三笔长横，在横中线与下界点中间；上短下长写舒展。

"三"字的书写位置：短横对位左右中点；中间短横写在横中线上；长横对位左右点，最长可至左右界点。

应用规律：多横长短分明；多横平行等距；底横写平。

四、练习巩固

1.学生练习本课所学笔画及示范字，针对练习中的错误，教师提示如何改正。

2.本课常见易错点：横画在格中的位置不对；长横、短横的长度不能区分；多横不能平行等距。

五、课堂总结

1.横画书写时要平中带斜，多横平行等距。

2.提示学生避免书写时常见的错误。

第5讲 竖的书写动作

一、学习目标

1.熟练掌握竖的书写动作，保证行笔的稳定性与流畅性。

2.通过描绘图形训练提升学生的控笔能力，提高手指手腕灵活度。

3.感受汉字的律动美，激发学生的书写兴趣，培养学生良好的书写习惯。

二、学习重点、难点

重点：姿势正确，动作准确，指腕灵活。

难点：缩指行笔时，手腕不动；纠正错误书写方式。

三、实操建议

1.手指操训练增强指腕肌肉力量。

2.训练学生握笔动作30次。笔杆垂直，笔尖指向自己，手指指向正前方，①捏（拇指食指捏起笔），②顶（中指顶起笔杆后下方），③调（调整笔杆靠在食指根部第一骨关节位置；调整笔尖指向，指向11点钟方向）。

3.通过竖画动作演示图认识竖的书写动作：正确握笔，自上而下，伸缩手指。设置动作口令"3-0-7，按缩停，要写直"，帮助学生有节奏地进行动作训练。

4.引导学生观察控笔图形，发现控笔图形与竖画的相似之处：均自上而下，书写动作相同。提醒学生书写时注意线条的粗细、快慢变化。

控笔训练指导：

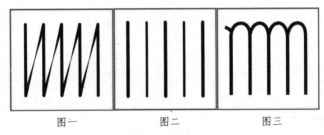

图一　　　　　　　图二　　　　　　　图三

图一练习方法：找准图中下笔位置，缩指垂直向下书写，转折处稍停，提笔上去，重复书写第二竖。

要求：伸缩手指时竖线要写挺直，水平线间距相等。

图二练习方法：找准图中下笔位置，缩指垂直向下书写，第一竖略粗，第二竖略细，依次重复书写。

要求：注意线条轻重对比，使线条间距相等。

图三练习方法：找准图中下笔位置，竖直向下，然后伸指向上书写，圆转后缩指向下书写，重复以上动作。

要求：行笔缓慢，使线条保持垂直。

四、练习巩固

1.教师根据控笔练习的目的（增强指腕力，纠正书写姿势，提高控笔能力）有针对性地进行训练。

2.本课训练易混点：只追求图形的相似度，而不是感受动作来自然写出图形；行笔过快。

五、课堂总结

1.缩指动作是汉字书写的两个核心动作之一，它既可以帮助学生写好笔画，还可以帮助学生纠正不良书写姿势，如：抱笔的现象。

2.解决学生书写时常见的错误。

第6讲 竖画的应用

一、学习目标

1.认识并掌握竖画及示范字的书写方法，熟练掌握竖要直挺的应用规律。

2.观察竖画在字中起笔、收笔的位置，掌握竖画在书写时的动作及运笔过程。

3.感受书写美，激发学生的书写兴趣，培养学生良好的书写习惯。

二、学习重点、难点

重点：竖画书写的垂直度，竖画书写要慢、要稳。

难点：竖画的书写特点。长竖：身正勿斜。短竖：有斜有正。

三、实操建议

1.演示竖画的书写动作：规范握笔，固定手腕，从上到下，食指勾动笔杆，拇指中指往回缩。

2.引导学生观察竖画的长短形态，讲解竖画的书写方法：起笔轻按，竖直向下，行笔要缓，收笔要稳。

示范字指导：

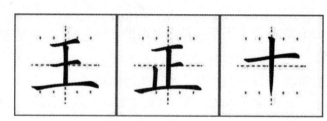

"王"字的书写方法：第一笔短横，微上扬；第二笔横画最短；第三笔竖起在横中间；第四笔横写长写舒展。（可参考"三"字的书写方法与布局，中间加一竖。）

"王"字的书写位置：短横找位左右中点；竖在竖中线；长横找位左右点，最长可至左右界点。

应用规律：多横长短分明；多横平行等距；底横写平。

"正"字的书写方法：第一笔短横，微上扬；第二笔竖画垂直，起笔在横中；第三笔短横对竖中，收笔对第一笔横尾；第四笔短竖，起笔对第一笔横头，高度与右侧短横对齐；最后一笔横画主笔，伸展写长写舒展。

"正"字的书写位置：短横找位左右中点；竖在竖中线；右侧短横写在横中线；左侧短竖对位左中点；长横找位左右点，最长可至左右界点。

应用规律：多横长短分明；多横平行等距；底横写平；左右匀称。

"十"字的书写方法：横写长，右上扬；竖写直，对横中，收笔出尖。

"十"字的书写位置：横画找位左右点；竖画起笔对上点，收笔过下点。

应用规律：上紧下松；中竖垂直；横竖相交，竖对横中，上短下长。

四、练习巩固

1.学生练习本课所学笔画及示范字，针对练习中的错误，教师提示如何改正。

2.本课常见易错点：多横不能平行等距；"正"字左侧短竖起笔位置。

五、课堂总结

1.认识竖画如立地铁锥，给人以挺劲踏实、含蓄沉稳之感，行笔勿快。熟练掌握多横多竖平行等距的书写规律。

2.解决学生书写时常见的错误。

六、同步拓展

认识横、竖两个笔画的形态特征；利用十字八点格的横中线、竖中线辅助快速书写好横竖两个基础笔画；了解长横在字里以主笔出现占位：上、中、下（天：最高；地：最低；腰：中间）。了解竖画如立地铁锥，给人以挺劲踏实、含蓄沉稳之感。

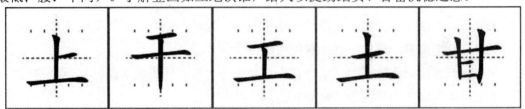

第7讲 撇的书写动作

一、学习目标

1.熟练掌握撇的书写动作，保证行笔的稳定性与流畅性。

2.通过描绘图形训练提升学生的控笔能力，提高手指手腕灵活度。

3.感受汉字的律动美，激发学生的书写兴趣，培养学生良好的书写习惯。

二、学习重点、难点

重点：姿势正确，动作准确，指腕灵活。

难点：指腕结合进行书写；纠正错误书写方式。

三、实操建议

1.手指操训练增强指腕肌肉力量。

2.训练学生握笔动作30次。笔杆垂直，笔尖指向自己，手指指向正前方，①捏（拇指食指捏起笔），②顶（中指顶起笔杆后下方），③调（调整笔杆靠在食指根部第一骨关节位置；调整笔尖指向，指向11点钟方向）。

3.通过撇画动作演示图认识撇的书写动作：正确握笔，从右上至左下，摆动手腕同时稍收缩手指，行至末端，中指抬笔出尖。设置动作口令"4-0-8，动指腕，按摆提"，帮助学生有节奏地进行动作训练。

4.引导学生观察控笔图形，发现控笔图形与撇画的相似之处：都是曲线，指腕同时发力。提醒学生书写时注意线条的弯曲度以及方向的变化。

控笔训练指导：

图一　　　　　　图二　　　　图三

图一练习方法：从里到外，顺时针指腕结合画蚊香盘；从外到里，顺时针指腕结合画蚊香盘。

要求：行笔流畅，线条间隔均匀，速度一致。

图二练习方法：做"撇""捺"的连接书写，撇转向捺时，可以笔断意连。

要求：行笔流畅，连接自然，有提按动作。

图三练习方法：找准图中下笔位置，指腕配合书写，转折处需圆转且速度稍缓。

要求：注意线条的流畅度，勿断开。

四、练习巩固

1.教师根据控笔练习的目的（增强指腕力，纠正书写姿势，提高控笔能力）有针对性地进行训练。

2.本课训练易混点：只追求图形的相似度，而不是感受动作来自然写出图形；线条弧度过大或过小。

五、课堂总结

1.汉字书写时大部分需要指腕结合发力，感受撇画书写时手指手腕肌肉发力的精细变化。指腕灵活对于汉字的书写质量和书写速度有极大的促进作用。

2.解决学生书写时常见的错误。

第8讲　撇画的应用

一、学习目标

1.认识并掌握斜撇及示范字的书写方法，熟练掌握斜撇书写要伸展的特点。

2.观察斜撇在字中起笔、收笔的位置，掌握斜撇在书写时的动作及运笔过程。

3.感受书写美，激发学生的书写兴趣，培养学生良好的书写习惯。

二、学习重点、难点

重点：斜撇的书写方法，起笔收笔的位置。

难点：斜撇的弧度自然摆腕弯曲，书写的力度由重到轻，尾部出尖。

三、实操建议

1.演示斜撇的书写动作：正确握笔，手腕摆动从右上向左下，摆至末端轻提笔离纸。

2.引导学生观察斜撇的书写方向，讲解斜撇的书写方法：起笔轻按，左下行，行笔稳，自然弯，尾出尖。

示范字指导：

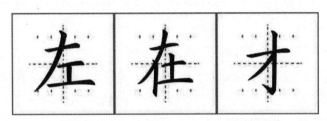

"左"字的书写方法：首横短，微上扬；撇稍立，弧度变小，写舒展，收笔最低；撇中对右横，竖要写短，最后一笔横写长。

"左"字的书写位置：短横找位左右中点；斜撇起笔竖中线，对上点，收笔至左下点；底横收笔对右点。

应用规律：多横平行等距，长短分明；左右对应。

"在"字的书写方法：首横短，微上扬；撇对横中写舒展；左竖起在横头下，写垂直收笔最低；撇竖交点起右横；横中写短竖；最后一笔横画起笔对撇尾。

"在"字的书写位置：短横找位左右中点，斜撇起笔竖中线，对上点，收笔对左下点；左竖收笔低于下四点；底横收笔对右点。

应用规律：多横平行等距，长短分明；左右对应。

"才"字的书写方法：首横低，微上扬；横中偏右写竖钩，钩最低；斜撇起笔横竖交点，写舒展，撇尾超过横头即停，撇尾出尖。

"才"字的书写位置：横画对点中；竖钩起笔对上点，钩至下点；撇画找左下点。

应用规律：重心平稳，左右均衡。

四、练习巩固

1.学生练习本课所学笔画及示范字，针对练习中的错误，教师提示如何改正。

2.本课三个示范字的斜撇书写弧度略直，不能写弯，要写伸展。本课常见易错点："左"字竖画书写太长；"在"字左竖书写太短，最后一笔横画起笔与撇尾没有对齐；"才"字第一笔横画起笔位置太高，应该更靠近横中线位置。

五、课堂总结

1.总结斜撇的书写方法与技巧，注意斜撇在字中起到装饰作用，要写舒展。

2.解决学生书写时常见的错误。

第9讲 捺的书写动作

一、学习目标

1.熟练掌握捺的书写动作，保证行笔的稳定性与流畅性。

2.通过描绘图形训练提升学生的控笔能力，提高手指手腕灵活度。

3.感受汉字的律动美，激发学生的书写兴趣，培养学生良好的书写习惯。

二、学习重点、难点

重点：姿势规范，动作准确，指腕灵活。

难点：多指协同发力，指腕结合进行书写；纠正错误书写方式。

三、实操建议

1.手指操训练增强指腕肌肉力量。

2.训练学生握笔动作30次。笔杆垂直，笔尖指向自己，手指指向正前方，①捏（拇指食指捏起笔），②顶（中指顶起笔杆后下方），③调（调整笔杆靠在食指根部第一骨关节位置；调整笔尖指向，指向11点钟方向）。

3.通过捺画动作演示图认识捺的书写动作：正确握笔，自左上至右下，指腕结合，由轻到重按笔，行至末端，提笔转右下出捺脚。设置动作口令"2-0-6，轻入笔，动指腕，出捺脚"，帮助学生有节奏地进行动作训练。

4.引导学生观察控笔图形，发现控笔图形与捺画的相似之处：均左上至右下，书写动作相同。提醒学生书写时注意线条的粗细、长短变化。

控笔训练指导：

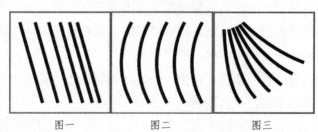

图一　　　　　图二　　　　　图三

图一练习方法：找准图中下笔位置，拇食指收缩，轻按向右下书写，重复以上动作。

要求：线条是斜直线，倾斜角度一致，间距从左到右依次递减。

图二练习方法：找准图中下笔位置，指腕配合有弧度地向下书写，重复以上动作。

要求：注意线条保持流畅连贯，间距相等。

图三练习方法：找准图中下笔位置，指腕配合有弧度地向右下书写，重复以上动作。

要求：先提后按，手指发力均匀。

四、练习巩固

1.教师根据控笔练习的目的（增强指腕力，纠正书写姿势，提高控笔能力）有针对性地进行训练。

2.本课训练易混点：捺画主体部分可以写成斜直线；捺画在字中只是书写方向有变化，不是弧线。

五、课堂总结

1.汉字书写时大部分需要指腕结合发力，感受捺画书写时多指协作发力的精细变化。指腕灵活对于汉字的书写质量和书写速度有极大的促进作用。

2.解决学生书写时常见的错误。

第 10 讲 捺画的应用

一、学习目标

1.认识并掌握捺画及示范字的书写方法；熟练掌握捺画书写时由轻到重，再由重到轻的特点。

2.观察捺画在字中起笔、收笔的位置，掌握捺画在书写时的动作及运笔过程。

3.感受书写美，激发学生的书写兴趣，培养学生良好的书写习惯。

二、学习重点、难点

重点：书写时由轻到重再到轻，捺画前半部分是一条斜直线。

难点：虚起笔；捺脚的方向还是右下。

三、实操建议

1.演示斜捺的书写动作：规范握笔，拇指食指均匀发力轻按笔杆，后指腕同时向右下提笔离纸。

2.引导学生观察斜捺的书写。讲解斜捺的书写方法：轻入笔，左上向右下行笔，至末端顺势提笔出捺脚。

示范字指导：

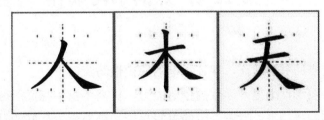

"人"字的书写方法：撇短稍立，捺起笔在撇中间偏上的位置，捺伸展写长。

"人"字的书写位置：撇画起笔竖中线，收笔找左下点，捺画收笔找右下点。

应用规律：左收右放，底部平稳。

"木"字的书写方法：横短微上扬；横中写竖，竖画写长，收笔最低；撇画起笔在横竖交点位置；捺画起笔在撇竖交点位置，撇捺收笔在一条水平线。

"木"字的书写位置：短横靠近横中线；竖画占位竖中线，起笔对上点，收笔过下点；撇尾撇向左下点；捺尾找右下点，最长展至右界点。

应用规律：横竖相交，竖对横中；撇捺相交底宜平。

"天"字的书写方法：首横短，起笔低，二横稍长，两横平行距勿远，撇起横中，伸展写长，捺画写舒展。

"天"字的书写位置：短横对位左右中点，撇尾找左下点，捺尾找右下点，最长展至右界点。

应用规律：上紧下松；撇捺相交底宜平。

四、练习巩固

1.学生练习本课所学笔画及示范字，针对练习中的错误，教师提示如何改正。

2.本课常见易错点：捺画的书写方法不对；"木"字横画起笔过高。

五、课堂总结

1.总结斜捺的书写方法与技巧，撇捺相交时，书写方向对称。

2.解决学生书写时常见的错误。

六、同步拓展

认识撇、捺两个笔画的形态特征；利用十字八点格的左右点辅助快速书写好撇、捺两个基础笔画；撇、捺一般组合出现汉字的不同位置，起到装饰的作用，让字更美观。

第11讲 点的书写动作

一、学习目标

1.熟练掌握点的书写动作，保证行笔的稳定性与流畅性。

2.通过描绘图形训练提升学生的控笔能力，提高手指手腕灵活度。

3.感受汉字的律动美，激发学生的书写兴趣，培养学生良好的书写习惯。

二、学习重点、难点

重点：姿势正确，动作准确，指腕灵活。

难点：缩指行笔时，手腕不动；纠正错误书写方式。

三、实操建议

1.手指操训练增强指腕肌肉力量。

2. 训练学生握笔动作 30 次。笔杆垂直，笔尖指向自己，手指指向正前方，①捏（拇指食指捏起笔），②顶（中指顶起笔杆后下方），③调（调整笔杆靠在食指根部第一骨关节位置；调整笔尖指向，指向 11 点钟方向）。

3. 通过点画动作演示图认识点的书写动作：规范握笔，自左上至右下，拇食指轻按笔杆同时收缩。设置动作口令"2-6，轻按，重停"，帮助学生有节奏地进行动作训练。

4. 引导学生观察控笔图形，发现控笔图形与点画的相似之处：均左上至右下，书写动作相同。提醒学生书写时注意线条的粗细、长短变化。

控笔训练指导：

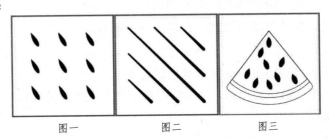

图一　　　　　图二　　　　　图三

图一练习方法：第一笔找准图中下笔位置，轻按笔向右下书写，重复以上动作。

要求：先抬后按，动作由轻到重。

图二练习方法：第一笔找准图中下笔位置，缩指向下右下书写，长短不同。

要求：由轻到重，线条流畅。

图三练习方法：画西瓜轮廓；轻按书写其中点，方向各异。

要求：先抬后按，动作由轻到重。

四、练习巩固

1. 教师根据控笔练习的目的（增强指腕力，纠正书写姿势，提高控笔能力）有针对性地进行训练。

2. 本课训练易混点：书写时应先抬后按；点画长短不一致；首尾粗细无变化。

五、课堂总结

1. 汉字书写时大部分需要指腕结合发力，感受点画书写时多指协作发力的精细变化。指腕灵活对于汉字的书写质量和书写速度有极大的促进作用，还可以帮助学生纠正不良书写姿势，如：抱笔的现象。

2. 解决学生书写时常见的错误。

第 12 讲 斜点的应用

一、学习目标

1. 认识并掌握斜点及示范字的书写方法；熟练掌握斜点在字中的应用特点。

2. 观察点画在书写时起笔、收笔的位置，掌握点画在书写时的动作及运笔过程。

3. 感受书写美，激发学生的书写兴趣，培养学生良好的书写习惯。

二、学习重点、难点

重点：斜点的行笔由轻到重，由尖到圆。

难点：起笔、收笔力度的把控，行笔方向的把控。

三、实操建议

1. 演示点画的书写动作：由轻到重，轻按笔。

2. 引导学生观察斜点的形态，讲解斜点的书写方法：起笔轻落，右下行，由轻到重，上尖下圆，稳稳停。

示范字指导：

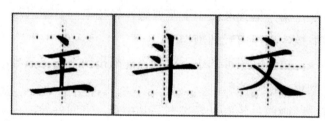

"主"字的书写方法：首点居中；第二笔短横，点不挨横；第三笔短横，长度最短；第四笔短竖，起笔横中间；第五笔长横写长，写舒展。

"主"字的书写位置：点竖写在竖中线上，对位上四点；短横找位左右中点；竖在竖中线；长横可至左右边界点。

应用规律：横画长短分明，平行等距；点竖上下对正。

"斗"字的书写方法：前两笔点上下对齐、写紧凑；第三笔长横写舒展；竖画起笔最高，在横中偏右，上短下长。

"斗"字的书写位置：前两点起笔找位左上中点；长横起笔横中线；竖写在竖中线右侧，最低可至下界点。

应用规律：上紧下松，竖横相交上短下长。

"文"字的书写方法：首点居中，点下有横留距离，点横不要挨在一起；撇头对上点尾，撇要弯，撇尾出尖；捺偏直写舒展。

"文"字的书写位置：点在竖中线，对位上四点；撇尾找位左下点，捺尾找位右下点，可至右界点。

应用规律：内紧外松，点下有横要悬空，撇高捺低。

四、练习巩固

1.学生练习本课所学笔画及示范字，针对练习中的错误，教师提示如何改正。

2.本课常见易错点：长短横的长度不能区分；点画和横画挨在一起；"斗"字竖画写在竖中线上；"文"字撇画起笔靠近横尾导致中间空白太大。

五、课堂总结

1.斜点在不同的位置，书写的方向、大小、形态也会有变化。

2.解决学生书写时常见的错误。

第 13 讲 提的书写动作

一、学习目标

1.熟练掌握提的书写动作，保证行笔的稳定性与流畅性。

2.通过描绘图形训练提升学生的控笔能力，提高手指手腕灵活度。

3.感受汉字的律动美，激发学生的书写兴趣，培养学生良好的书写习惯。

二、学习重点、难点

重点：姿势正确，动作准确，指腕灵活。

难点：指腕结合进行书写；纠正错误书写方式。

三、实操建议

1.手指操训练增强指腕肌肉力量。

2.训练学生握笔动作 30 次。笔杆垂直，笔尖指向自己，手指指向正前方，①捏（拇指食指捏起笔），②顶（中指顶起笔杆后下方），③调（调整笔杆靠在食指根部第一骨关节位置；调整笔尖指向，指向 11 点钟方向）。

3.通过提画动作演示图认识提的书写动作：正确握笔，自右下至左上，先按后提，行笔平稳。设置动作口令"8-4，动指腕，弹出去"，帮助学生有节奏地进行动作训练。

4.引导学生观察控笔图形，发现控笔图形与提画的相似之处：均由重到轻，书写动作相同。提醒学生书写时注意线条的粗细、方向变化。

控笔训练指导：

图一　　　　　　　图二　　　　　　　图三

图一练习方法：由内到外顺时针画蚊香盘；提画由粗到细提笔书写。

要求：线条流畅，提画平稳。

图二练习方法：指腕结合画仙人掌枝干；提画由粗到细提笔书写。

要求：提画行笔先按后提。

图三练习方法：指腕配合画竹叶；提画由粗到细提笔书写。

要求：提画行笔先按后提。

四、练习巩固

1.教师根据控笔练习的目的（增强指腕力，纠正书写姿势，提高控笔能力）有针对性地进行训练。

2.本课训练易混点：书写时应先按后提；行笔太快导致长短不能控制；行笔太快变成"鼠尾"。

五、课堂总结

1.汉字书写时大部分需要指腕结合发力，感受提画书写时多指协作发力的精细变化。指腕灵活对于汉字的书写质量和书写速度有极大的促进作用。

2.解决学生书写时常见的错误。

第14讲 提画的应用

一、学习目标

1.认识并掌握提画及示范字的书写方法，熟练掌握提画先重后轻的书写要点。

2.观察提画在字中长度与角度变化，掌握提画在书写时的动作及运笔过程。

3.感受书写美，激发学生的书写兴趣，培养学生良好的书写习惯。

二、学习重点、难点

重点：起笔重，收笔轻，越长的提，行笔越慢。

难点：书写提画力度先重后轻，行笔角度与长短的把控。

三、实操建议

1.引导学生观察提画的书写动作：指腕结合从左下向右上，由重到轻提出。

2.讲解提画的书写方法：起笔轻按，蓄力向右上，提出尖。

示范字指导：

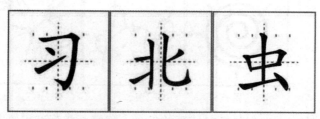

"习"字的书写方法：横折钩横短折长，横微扬，折停向下行，至末端停笔，蓄力

左上出尖；横头偏右写斜点；提左延，起笔最左，点提紧凑中上移。

"习"字的书写位置：钩低至下点；点对左中点。

应用规律：内紧外松。

"北"字的书写方法：第一笔竖画写直；短横稍低；提左延，不越竖；短撇起笔稍高，撇尾对提尾；左右有竖右竖高，竖弯钩起笔最高，竖长横短写舒展。

"北"字的书写位置：左竖对位左中点；提画起笔对左下点；竖弯钩可展至右界点。

应用规律：左紧右松；左右有竖，右竖高。

"虫"字的书写方法：口写扁，首笔短竖稍向右倾，横长折短折向左倾，左右对应；横中起竖，竖写高；提起笔左延，角度稍平；最后一笔点画写长，收笔最低。

"虫"字的书写位置：短竖收笔对左中点；中竖写在竖中线，起笔对上点；提画起笔左下点；点尾找右下点。

应用规律：中竖垂直居正。

四、练习巩固

1.学生练习本课所学笔画及示范字，针对练习中的错误，教师提示如何改正。

2.本课常见易错点："习"字点画在横头下起笔，提画起笔左延超出横头，收笔不能连到竖画；"北"字横与提不要分开距离过大，竖弯钩转弯处要圆转写小；"虫"字口写扁呈倒梯形，提画角度略平。

五、课堂总结

1.总结提画的书写方法及应用技巧，提画是汉字最基本的笔画，它出现在不同汉字里，其方向有不同的变化，有与纵向（竖）夹角大小的变化，有与水平线（横）夹角大小的变化。

2.解决学生书写时常见的错误。

第 15 讲 综合训练

一、学习目标

1.认识汉字笔画名称，认识笔顺规则。

2.掌握基础笔画在书写时的动作及运笔过程。

3.感受书写美，激发学生的书写兴趣，培养学生良好的书写习惯。

二、实操建议

1.手指操训练增强指腕肌肉力量。

2.训练学生握笔动作 30 次。笔杆垂直，笔尖指向自己，手指指向正前方，①捏（拇指食指捏起笔），②顶（中指顶起笔杆后下方），③调（调整笔杆靠在食指根部第一骨关节位置；调整笔尖指向，指向 11 点钟方向）。

3.带领学生熟读汉字笔画名称与笔顺规则；按照正确笔顺书写。

4.引导学生观察控笔图形，提醒学生书写时注意线条长短、轻重、曲直、方向的变化，提醒学生书写时行笔要流畅。

5.引导学生观察字在十字八点格中的位置，尝试通过规范的运笔动作进行规范汉字书写练习。

三、课堂总结

组成汉字的笔画是对线条进行长短、方向、曲直、轻重、快慢的界定，其中长短与快慢可以通过运动时长来界定，线条则需要指腕不同的发力方式控制笔运动来实现。

第 16 讲 作品临写（一）

一、学习目标

1.熟练掌握汉字在十字八点格中的位置。

2.简单了解书法作品的形式。

3.感受书写美，激发学生的书写兴趣，培养学生良好的书写习惯。

二、实操建议

1.手指操训练增强指腕肌肉力量。

2.训练学生握笔动作 30 次。笔杆垂直，笔尖指向自己，手指指向正前方，①捏（拇指食指捏起笔），②顶（中指顶起笔杆后下方），③调（调整笔杆靠在食指根部第一骨关节位置；调整笔尖指向，指向 11 点钟方向）。

3.带领学生熟读临写古诗《古朗月行》。

4.书写之前要求先观察，并说出范文在十字八点格纸中的位置。

5.书写时，保持规范的书写姿势；保持卷面干净整洁；运用正确的控笔动作。

6.临写完成后，教师评析，同学相互欣赏。

三、课堂总结

书法作品临写的格式要求：按照范文的格式进行书写。

第 17 讲 短撇的写法

一、学习目标

1.认识并掌握两种形态短撇及示范字的书写方法，掌握短撇要短而有力的特点。

2.观察短撇在字中起笔、收笔的位置，掌握短撇在书写时的动作及运笔过程。

3.感受书写美,激发学生的书写兴趣,培养学生良好的书写习惯。

二、学习重点、难点

重点:迅速出尖,短而有力;短撇在字中位置不同,书写角度不同。

难点:起笔、行笔、收笔的技巧,短而有力且力到笔尖。

三、实操建议

1.演示短撇书写动作:规范握笔,先轻按,从右上到左下,迅速摆腕同时提笔出尖。

2.引导学生观察短撇的书写方向,讲解短撇的书写方法:

平撇:起笔轻按,行笔快,尾出尖,平撇在字头。

短斜撇:起笔轻按,倾斜大约45度,行笔快,尾出尖,短斜撇在左肩。

示范字指导:

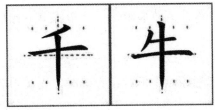

"千"字的书写方法:撇在字头,写平撇,起笔要高;第二笔长横微上扬,写舒展;竖写垂直站中间。

"千"字的书写位置:平撇找位左右中点;长横找位左右点;竖画写在竖中线,收笔过下点。

应用规律:上紧下松;横竖相交,竖对横中,上短下长。

"牛"字的书写方法:撇在左肩,写成短斜撇,要写稍立(与水平线夹角大于45度);撇中写短横;第三笔横画微上扬,写长写舒展,竖写垂直站中间。

"牛"字的书写位置:短斜撇起笔对左上中点;短横收笔对右中点;长横对位左右点,最长可至左右界点;竖画写在竖中线,起笔对上点,收笔过下点。

应用规律:上紧下松;两横长短分明;横竖相交,竖对横中。

四、练习巩固

1.学生练习本课所学笔画及示范字,针对练习中的错误,教师提示如何改正。

2.本课常见易错点:平撇书写角度要平,角度和长度与短横差不多;"千"的平撇写成弯的了,应该是斜直的;"千""牛"的竖画要写直挺。

五、课堂总结

1.总结短撇的书写方法与技巧,区分平撇和短斜撇的书写方向。

2.解决学生书写时常见的错误。

第 18 讲 竖撇的写法

一、学习目标

1.认识并掌握竖撇及示范字的书写方法，熟练掌握竖撇竖长撇短的书写特点。

2.观察竖撇在字中起笔、收笔的位置，掌握竖撇在书写时的动作及运笔过程。

3.感受书写美，激发学生的书写兴趣，培养学生良好的书写习惯。

二、学习重点、难点

重点：竖撇的书写方法，起笔收笔的位置，竖转撇的位置要自然流畅。

难点：竖与撇的长度比例，竖撇的长度。

三、实操建议

1.演示竖撇的书写动作：规范握笔，先手指压笔下行写竖，后指腕转换，轻摆手腕的同时慢慢提笔离纸。

2.引导学生观察竖撇在十字八点格中的位置，竖与撇的长度比例，竖转撇的位置。讲解竖撇的书写方法：起笔停，直下行，行笔稳，先竖再撇，尾出尖。

示范字指导：

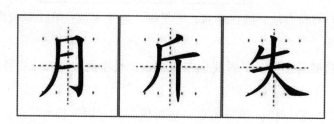

"月"字的书写方法：字形窄长；首笔竖撇写流畅，竖长撇短；横折钩横短竖长钩最低；两短横连左不连右，居中上。

"月"字的书写位置：竖撇起笔找位左上中点，收笔找位左下点；折对右中点，钩至下点。

应用规律：多横平行等距。

"斤"字的书写方法：撇在字头，写平撇；竖撇挡平撇，竖长撇短；横起竖撇中间偏上，收笔超出上撇头；竖写直且长，收笔最低。

"斤"字的书写位置：平撇起笔右上中点，收笔对左中点；竖撇起笔对左上中点，撇尾撇向左下点；横画收笔对右点；竖画收笔过下点。

应用规律：上紧下松；左撇右竖，右竖低。

"失"字的书写方法：撇在左肩，写成短斜撇；撇中起短横，横微扬，两横平行距勿远；横中起竖，过横再写撇，撇弯捺舒展。

"失"字的书写位置：短斜撇起笔对左上中点；短横收笔对右中点；竖撇起笔竖中

线，对上点，撇尾撇向左下点；捺尾展至右下界点。

应用规律：上紧下松；撇捺相交底宜平。

四、练习巩固

1.学生练习本课所学笔画及示范字，针对练习中的错误，教师提示如何改正。

2.本课常见易错点：竖与撇的长度比例；"月"字写得太胖；"失"字两横间距过大。

五、课堂总结

总结竖撇的书写方法与技巧，竖撇在字中的位置不同，竖与撇的长度比例不同。

六、同步拓展

撇画可以出现在汉字的不同位置，会有不同的形态，不同名称：平撇、短斜撇、斜撇、竖撇、竖弯撇。每种撇，写法有相似点，也有不同点。平撇写在字头；短撇在左上角；斜撇、竖撇在左边；竖弯撇在字中间。

第 19 讲 平捺的写法

一、学习目标

1.认识并掌握平捺及示范字的书写方法，熟练掌握平捺书写一波三折的形态。

2.观察平捺在字中起笔、收笔的位置，掌握平捺在书写时的动作及运笔过程。

3.感受书写美，激发学生的书写兴趣，培养学生良好的书写习惯。

二、学习重点、难点

重点：行笔稳直，起伏有变化，角度勿大。

难点：行笔角度略平，提笔出捺脚。

三、实操建议

1.演示平捺的书写动作：拇食指向右下缓慢推笔，边推边按，末端提笔离纸。

2.引导学生观察平捺的长度与形态。讲解平捺的书写方法：轻入笔，右下行，边行边按，渐加粗，取势平坦，至尾部提笔出捺脚。

示范字指导：

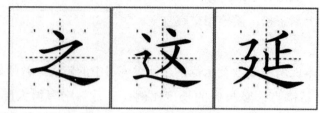

"之"字的书写方法：首点居中；点横分离，横上扬与撇夹角要小；平捺起笔稍偏左，先写横，与撇尾相交后右下行，行至横撇折角处平出捺脚，平捺写舒展。

"之"字的书写位置：点在竖中线，起笔对上点；平捺起笔对左点，收笔对右界点。

应用规律：点下有横要悬空。

"这"字的书写方法：点画高；点横分离，横稍短，微上扬；撇画起笔对点尾，捺变点，起笔对横头；撇与点的交点对第一笔的点画；走之点画稍低；横折折撇起笔低，折对上点尾；平捺写舒展，过上横尾出捺脚。

"这"字的书写位置：第一点对上点；横画收笔对右点；横折折撇起笔对左点；平捺收笔对右界点。

应用规律：左下包右上，被包部分居中偏左。

"延"字的书写方法：短撇在字头，写成平撇，起笔要高；撇中写短竖，竖写直；竖中写短横；第四笔竖折起笔对撇尾，折尾对横尾；横折折撇写窄，第一折对撇尾，两折上下对齐；平捺写舒展，过上横尾出捺脚。

"延"字的书写位置：短撇对上点；横折折撇起笔对左点，折对左中点；平捺收笔对右界点。

应用规律：左下包右上，被包部分居中偏左。

四、练习巩固

1.学生练习本课所学笔画及示范字，针对练习中的错误，教师提示如何改正。

2.本课常见易错点：平捺书写的角度太斜；平捺弧度略大；"之"字横画过长，横撇夹角过大。

五、课堂总结

1.总结平捺的书写方法与技巧，平捺一般做主笔，要写舒展。

2.解决学生书写时常见的错误。

第 20 讲 平捺的应用

一、学习目标

1. 认识并掌握建之和走之两个偏旁部首的书写方法，熟练掌握平捺书写时一波三折的形态。

2. 观察左下包右上的字两部分之间的关系，掌握观察汉字笔画间对应关系的方法。

3. 感受书写美，激发学生的书写兴趣，培养学生良好的书写习惯。

二、学习重点、难点

重点：建之和走之的书写技巧，平捺伸展写长。

难点：横折折撇的两种书写形态。

三、实操建议

1. 引导学生观察平捺在合体字中应用在建之和走之，它们的特点：平捺主笔伸展。

2. 讲解建之和走之两个偏旁的书写方法：

建之：横短上扬，两撇稍长，两折上下对齐，平捺伸展写长。

走之：点画高，横短上扬，折对点尾，两个折画形如 S，捺画要写长，体现出一波三折。

示范字指导：

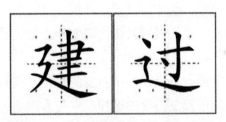

"建"字的书写方法：横折短；第二笔横稍长；多横长短不一；横中写竖，竖画起笔最高，写直；左右对应，横对右横，两折上下对齐；平捺写舒展。

"建"字的书写位置：横折起笔竖中线；横折折撇起笔对左点，折对左中点；平捺收笔对右界点。

应用规律：左下包右上，被包部分居中偏左。

"过"字的书写方法：横微扬；横中偏右写竖钩；点写小居左上；走之点画高；折对上点尾；平捺写舒展，过上横尾出捺脚。

"过"字的书写位置：竖钩对右中点；走之点对左上点；平捺收笔对右界点。

应用规律：左下包右上，被包部分居中偏左。

四、练习巩固

1. 学生练习本课所学偏旁及示范字，针对练习中的错误，教师提示如何改正。

2. 本课常见易错点：走之的横折折撇不会写；"建""过"字的两部分太散。

五、课堂总结

1.总结建之和走之的书写方法与技巧，最后一笔平捺要写舒展，超出上方最右笔画再出捺脚。

2.解决学生书写时常见的错误。

六、拓展练习

书写提示：左下包右上，被包部分重心偏左。

第 21 讲 左点的写法

一、学习目标

1.认识并掌握左点及示范字的书写方法，熟练掌握左点在字中的应用特点。

2.观察左点在字中起笔、收笔的位置，掌握左点在书写时的动作及运笔过程。

3.感受书写美，激发学生的书写兴趣，培养学生良好的书写习惯。

二、学习重点、难点

重点：起笔轻、收笔重；左点在字中角度的变化，或斜或立。

难点：起笔、收笔的位置及力度的把控，书写方向、大小的把控。

三、实操建议

1.演示左点的书写动作：从右上到左下，由轻到重，轻按笔。

2.引导学生观察左点的形态，讲解斜点的书写方法：起笔轻、收笔重，从右上向左下、收笔停。

示范字指导：

"少"字的书写方法：第一笔短竖写高、写直；左点稍立，起笔对竖中，收笔与竖画收笔持平；右点稍平；点下写撇，撇尾出尖写舒展。

"少"字的书写位置：竖在竖中线上，起笔对上点，收笔过横中线；左点起笔找位左中点；右点起笔找位右中点；撇画起笔对右中点，撇尾对左点。

应用规律：中竖写直；上紧下松。

"省"字的书写方法：第一笔短竖写直、写高；左点稍立；右点稍平；撇画伸展写直；"目"的竖起笔在撇中偏上，竖写直，两竖中间短横挨左竖不挨右竖，最后一笔横画封口。

"省"字的书写位置：竖在竖中线上，起笔对上点；左点起笔对左中点；右点起笔对右中点；撇画起笔对右中点，撇尾对左点；最后一笔横画对下点。

应用规律：中竖写直；上紧下松；横画平行等距。

"示"字的书写方法：首横短；第二横伸展写长，两横间距小；竖钩写直，起笔在横中间，钩写小；左右两点高，起笔对上横。

"示"字的书写位置：短横对左右中点；长横对左右点，最长可至左右边界点；竖钩写在竖中线，钩至下点；左点起笔对左中点；右点起笔对右中点。

应用规律：两横平行；上紧下松。

四、练习巩固

1. 学生练习本课所学笔画及示范字，针对练习中的错误，教师提示如何改正。

2. 本课常见易错点：竖画不能写得太长且不垂直；点画起笔、收笔位置要准确；字形上大下小。

五、课堂总结

1. 总结左点在不同的字中，书写的长度和方向会有变化。课堂三个示范字要体现上紧下松的字形特点。

2. 解决学生书写时常见的错误。

第 22 讲 斜长点的写法

一、学习目标

1. 认识并掌握斜长点及示范字的书写方法，熟练掌握斜长点在字中的应用特点。

2. 观察斜长在字中起笔、收笔的位置，掌握斜长点在书写时的动作及运笔过程。

3. 感受书写美，激发学生的书写兴趣，培养学生良好的书写习惯。

二、学习重点、难点

重点：起笔轻，收笔重，要写长。

难点：起笔、收笔的位置，行笔方向、轻重的把控。

三、实操建议

1.演示斜长点的书写动作：由轻到重，轻按笔，书写动作与斜点一样，长度要加长。

2.引导学生观察斜长点的形态，讲解斜长点的书写方法：凌空起笔，由轻到重，右下长按笔，稳笔停。

示范字指导：

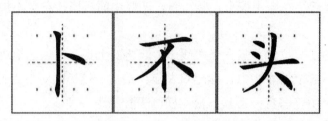

"卜"字的书写方法：竖画垂直且要写长；斜长点起笔在竖画中间偏上的位置，不挨竖。

"卜"字的书写位置：长竖起笔对上点，收笔对下点；斜长点收笔过横中线。

应用规律：上紧下松；长竖垂直。

"不"字的书写方法：横勿太长微上扬；横中偏右写撇，撇写稍直，弧度变小；写下看上，竖对横中，竖垂直最低；撇竖交点对长点；撇尾、点尾一条线。

"不"字的书写位置：首横找位左右点；竖画写在竖中线，收笔过下点。

应用规律：左右匀称；中竖垂直。

"头"字的书写方法：两点收紧放左边，上下对应；横画上扬；撇画起笔最高，过横弧度变大；斜长点起笔不挨撇横交点，要写长。

"头"字的书写位置：两点对位左中点；横画找位左右点；撇头对上点，撇尾找左下点；点尾找右下点。

应用规律：上紧下松；左右匀称。

四、练习巩固

1.学生练习本课所学笔画及示范字，针对练习中的错误，教师提示如何改正。

2.本课常见易错点："卜"字竖和点挨在一起，点画起笔位置太低；"不"字撇画写得弧度过大，撇画的书写方向指向了左下点，点画写得太短；"头"字两点不是上下对应；斜长点普遍写得太短。

五、课堂总结

1.总结斜长点的书写方法与技巧。

2.解决学生书写时常见的错误。

第 23 讲 拓展训练（一）：点的组合

一、学习目标

    1.认识并掌握汉字中多点组合的书写技巧；熟练掌握点画在部件中的应用特点。

    2.观察点画组合在汉字中的位置，掌握各类点画在书写时的动作及运笔过程。

    3.感受书写美，激发学生的书写兴趣，培养学生良好的书写习惯。

二、学习重点、难点

    点的组合方式不同，点画的位置不同，书写形态不同。

三、实操建议

    1.引导学生说出不同点的组合部件的书写方法。

    2.观察点的组合部件以及示范字在十字八点格中的位置。

示范字指导：

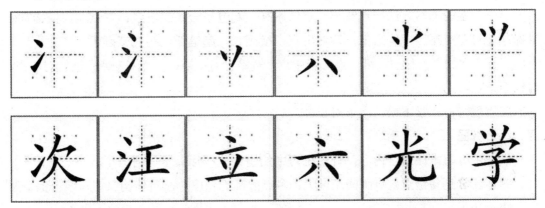

    "次"字的书写方法：两点水写小；点稍低；提尾找点尾；短撇稍立；撇中偏下写横钩；横钩短；撇画起笔对撇横交点，撇弯捺直，捺画伸展写长。

    "次"字的书写位置：点起笔对左上点；提起笔对左下点；短撇起笔上点，捺画收笔找右下点。

    应用规律：左窄右宽；撇捺在下，撇高捺低。

    "江"字的书写方法：三点水写窄；第一点写高；第二点偏左，前两点紧凑；提画起笔最低；点尾写右横；横中写短竖；最后一笔横画写长，起笔对提画中间。

    "江"字的书写位置：点起笔对左上点；提画起笔对左下点；长横起笔对左下中点，收笔对右点。

    应用规律：左窄右宽；左右对应。

    "立"字的书写方法：首点居中；横稍短；横头写点，横尾撇，点低撇高，不连上横；最后一笔长横主笔，伸展写长。

"立"字的书写位置：点对上点；短横对位左右中点；长横对位左右点，最长可至左右界点。

应用规律：上下对正；首点居中；底横平稳。

"六"字的书写方法：首点居中；长横伸展；撇写短；点写长。

"六"字的书写位置：点在竖中线；长横起笔横中线，对位左右点，最长可至左右界点；短撇起笔对左中点，收笔找左下点；点画起笔对右中点，收笔找右下点。

应用规律：上下对正；首点居中；左右对应。

"光"字的书写方法：中竖短，写垂直；点低撇高，不连竖；横稍短，右上扬；撇写直，尾出尖；竖弯钩竖短横长，横对撇尾，钩向上。

"光"字的书写位置：短竖写在竖中线，起笔对上点；点对左中点；短撇对右中点；斜撇收笔找左下点，钩对右界点。

应用规律：上下对正；底部平稳。

"学"字的书写方法：点写小；点低撇高，起笔呈一条斜直线；左点立，横钩宽；横撇起笔对左点尾；弯钩最低，钩对上点；横画长，起笔低，写在交点下。

"学"字的书写位置：第一点对左中点；短撇对右中点；左点对左点；横钩对右点；弯钩至下点。

应用规律：上紧下松；上下对正。

四、练习巩固

1.学生练习本课所学内容，针对练习中的错误，教师提示如何改正。

2.本课常见易错点：点画间距过大；多点散乱无秩序；左右结构汉字写散；上下结构汉字不端正。

五、课堂总结

1.总结点的组合的书写方法与技巧。

2.解决学生书写时常见的错误。

六、同步拓展

点画是汉字最基本的笔画，"积其点画，乃成其字"。它可以在汉字的上、下、左、右、里、外、边、角各个部位，不同的点画会组合成不同的部件，会有不同的书写方法。

第 24 讲 横折的写法

一、学习目标

1.认识并掌握横折及示范字的书写方法，熟练掌握横与竖书写时的角度及长短。

2.观察横折在字中的书写变化，分析不同的字形横与竖的长度不同。

3.感受书写美，激发学生的书写兴趣，培养学生良好的书写习惯。

二、学习重点、难点

重点：折笔时停顿，腕转指自然流畅。

难点：当折向内斜时，竖的倾斜角度。

三、实操建议

1.引导学生观察横折的形态：折笔内收时，横长折短；折笔直下时，横短折长。

2.讲解横折的书写方法：横与竖组合，先腕后转指，横画由轻到重，横末停笔，折笔左下行，或折笔直下行。

示范字指导：

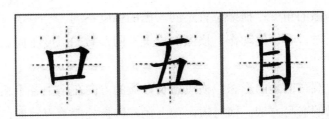

"口"字的书写方法：竖画内斜，折内收，两竖要对称；两横上长下短，写平行。口字三露头，第一笔竖上下露头，最后一笔横收笔超出折尾，稍露头，不能超过上折。

"口"字的书写位置：左竖收笔找左下中点；折尾对位右下中点；口字居格正中间。

应用规律：字形扁平，呈倒梯形；左右对应。

"五"字的书写方法：首横短，微上扬；横中起竖，竖向左下斜；竖中写横折，对位上横头，折角对位上横尾，折与竖平行；底横写平，伸展要写长。

"五"字的书写位置：短横对位左右中点；竖画起笔在竖中线，收笔对位左下中点；长横对位左右点，最长可至左右界点。

应用规律：多横平行等距，长短分明；底横写平。

"目"字的书写方法：左竖直，行笔平稳；横折横短竖长，竖写直与左竖对应，略低于左竖；两短横连左竖不连右竖；左右匀称竖挡横，最后一笔横起笔稍高于竖尾。

"目"字的书写位置：左竖起笔对位左中点；折角对位右中点。

应用规律：多横平行等距。

四、练习巩固

1.学生练习本课所学笔画及示范字，针对练习中的错误，教师提示如何改正。

2.本课常见易错点："口"字字形要呈倒梯形，最后一横不能太长；"五"字竖画与折画要平行，横折起笔在首横头；"目"字两竖要垂直，框内两短横连左竖不连右竖。

五、课堂总结

1.总结横折的书写方法与技巧。横折是由两种笔画组成，好比我们行走的道路，有时前方有阻碍需要直转或斜转。不同的汉字会有不同的形态，有内收折、有竖直折。

2.解决学生书写时常见的错误。

第25讲 横撇的写法

一、学习目标

1.认识并掌握横撇及示范字的书写方法，熟练掌握横与撇的书写特点。

2.观察横撇在字中的长度书写变化，分析不同的字形撇的弧度不同。

3.感受书写美，激发学生的书写兴趣，培养学生良好的书写习惯。

二、学习重点、难点

重点：横与撇的角度；横撇位置不同，撇的弧度不同。

难点：转折时，有停笔动作；横撇的位置不同，撇的弧度不同。

三、实操建议

1.引导学生观察横撇的形态，横短撇长，撇的方向在字中各不相同。

2.讲解横撇的书写方法：横写短，微上扬，转折处停笔再写撇，撇写长。

示范字指导：

"又"字的书写方法：横微扬，勿写长；转折处停笔轻按写撇画起笔；撇弯捺伸展，捺画起笔不挨横，撇捺交点对横中。

"又"字的书写位置：横对左右中点；撇尾撇向左下点；捺画收笔到右下点。

应用规律：交点居中；撇捺在下，撇高捺低。

"反"字的书写方法：撇在字头，写平撇；竖撇起笔挡平撇，先竖后撇；横撇转折处对撇头，外撇挡内撇；撇捺相交撇要弯，捺伸展写直。

"反"字的书写位置：平撇起笔右上中点，收笔对位左中点，竖撇撇尾找左下点，捺画可至右界点。

应用规律：上紧下松；撇捺在下，撇高捺低。

"名"字的书写方法：短撇稍平，起笔高；撇中上写横撇，横短撇写长，撇画弧度变小；靠近短撇尾写点；口写扁，短竖内收，折向内敛，底横写平。

"名"字的书写位置：短撇起笔竖中线，对上点；折对右中点，口折头超过右中点。

应用规律：上斜下正，下部分重心平稳。

四、练习巩固

1. 学生练习本课所学笔画及示范字，针对练习中的错误，教师提示如何改正。

2. 本课常见易错点："反"字平撇要写平，竖撇挡横撇；"名"字横撇撇弧度变小。

五、课堂总结

1. 总结横撇的书写方法与技巧。横撇横短微上扬，撇弯写伸展。

2. 解决学生书写时常见的错误。

第26讲 横钩的写法

一、学习目标

1. 认识并掌握横钩及示范字的书写方法，熟练掌握横钩钩短而有力的书写特点。

2. 观察横钩在字中的应用，掌握横钩在书写时的动作及运笔过程。

3. 感受书写美，激发学生的书写兴趣，培养学生良好的书写习惯。

二、学习重点、难点

重点：横的角度略上扬，钩小向字的中心方向钩出。

难点：横画的书写长度，行笔方向及书写节奏的把控。

三、实操建议

1. 引导学生观察横钩的形态，联想横钩可以应用到宝盖、穴宝盖、雨字头等。

2. 讲解横钩的书写方法：先写横，横末停笔蓄力折向左下出钩，横与钩夹角要小，钩要短。

示范字指导：

"欠"字的书写方法：短撇稍立；撇中起横，钩写短，夹角小；写下看上，撇对撇头，撇写弯捺伸展。

"欠"字的书写位置：首撇起笔竖中线；下撇找位左下点；捺画可展至右界点。

应用规律：上紧下松；撇捺在下，撇高捺低。

"皮"字的书写方法：横钩短，横上扬；竖撇挡横；横中写竖，竖写高，上长下短；横撇起笔高，折对钩尾，撇写弯尾出尖，外撇挡内撇；捺伸展写直，收笔最低。

"皮"字的书写位置：竖撇尾找左下点；竖在竖中线；捺画可展至右界点。

应用规律：内紧外松；竖画垂直居正。

"买"字的书写方法：横微扬写横钩；横头写点，上下点对点；下横长；横中偏右来写撇，先竖后撇，过横向左弯；点写长，收笔最低。

"买"字的书写位置：两点起笔对左中点；长横对左右点；撇尾找位左下点，右点找右下点。

应用规律：上紧下松；两点组合上下对应。

四、练习巩固

1.学生练习本课所学笔画及示范字，针对练习中的错误，教师提示如何改正。

2.本课常见易错点："欠"字短撇要立，横钩写短，捺画起笔在撇画靠上的位置；"皮"字横钩写短，中竖部分横上长横下短，横撇夹角要小；"买"字两点上下对应写紧凑，最后一笔点要写长。

五、课堂总结

1.总结横钩的书写方法及应用技巧。

2.解决学生书写时常见的错误。

第27讲 拓展训练（二）：横钩的应用

一、学习目标

1.认识并掌握含横钩的部件的书写方法，熟练掌握横钩在字中长短的变化。

2.观察上下结构的字中，上下部分的宽窄比例，掌握观察笔画对应关系的方法。

3.感受书写美，激发学生的书写兴趣，培养学生良好的书写习惯。

二、学习重点、难点

上下结构中，横钩的长短根据下方其他笔画的长短及数量决定。

三、实操建议

1.引导学生观察含横钩部件的形态；总结这四种形态的字的宽窄关系。

2.讲解各字头及示范字的书写方法。

示范字指导：

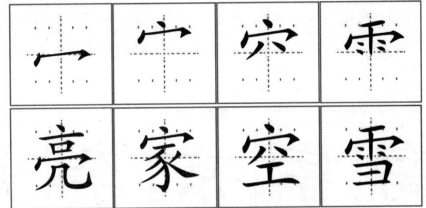

"亮"字的书写方法：首点居中；点横分离，横稍短；口写扁；左点立；横钩稍短；撇对上竖；横折弯钩写宽，下横对撇尾，超出上折，向上出钩。

"亮"字的书写位置：点在竖中线；口与左右中点等宽；左点对左点，钩对右点。

应用规律：首点居中；上下对正；多横等距；底部平稳。

"家"字的书写方法：首点居中；左点立，横钩稍宽；短横高，对左点尾；横中写短撇；弯钩最低，钩对上点；三撇等距，下撇伸展；钩尾写短撇；捺画伸展。

"家"字的书写位置：点在竖中线；短横对位左右中点；钩过下点；下撇找左下点；捺画收笔对右下点。

应用规律：首点居中；上下对正，点对钩。

"空"字的书写方法：首点居中；左点立，横钩稍宽；撇与点间距勿大；工写扁，横中写短竖；底横写平。

"空"字的书写位置：点在竖中线，对上点；左点对左上点，折对右上点；短横对左右中点；竖在竖中线；长横对位左右点。

应用规律：上下对正，点对竖；底横平稳。

"雪"字的书写方法：短横居中写高；左点立，横钩宽；横中写竖，竖画垂直写短；四点对应，对上短横；横折横长竖短；三横等距，底横写平，横挡竖。

"雪"字的书写位置：短横对位左右中点；左点对左点；折对右上点；竖在竖中线；左两点对左中点，右两点对右中点；底横写在下四点。

应用规律：上宽下窄，上盖下；底横平稳。

四、练习巩固

1. 学生练习本课所学笔画及示范字，针对练习中的错误，教师提示如何改正。

2. 本课常见易错点："亮"字口写过大，横折弯钩写得太短，上下错位；"家"字三撇间距过大，弯钩过于倾斜，撇和点不对应；"空"字撇点写太大，中竖写太长；"雪"字四点散乱无秩序，雨字头写得过长，横钩写成横折钩。

五、课堂总结

1.掌握秃宝盖、宝盖、穴宝盖、雨字头的书写要领；横钩的长短根据下方笔画的长短及数量决定。

2.解决学生书写时常见的错误。

六、同步拓展

书写提示：字形端正，上下对正，重心平稳。

第28讲 横折钩的写法（一）

一、学习目标

1.认识并掌握横折钩及示范字的书写方法，熟练掌握横折钩横上扬，折向内收，钩写小的书写要点。

2.观察横折钩在字中的变化，掌握横折钩在书写时的动作及运笔过程。

3.感受书写美，激发学生的书写兴趣，培养学生良好的书写习惯。

二、学习重点、难点

重点：横与折的长度决定折的内收角度，钩要写小。

难点：书写力度把控，行笔方向及书写节奏的把控。

三、实操建议

1.引导学生观察内收横折钩的两种书写形态，注意横画摆腕后停顿，向内折的角度。

2.讲解内收横折钩的书写方法：起笔右行速写横，停笔折向左下行，收笔尖角蓄力左上钩。

3.讲解尖角横折钩的书写方法：左下起笔，右上行，尖角内折左下行，行至横中蓄力左上出钩，钩要写小。

示范字指导：

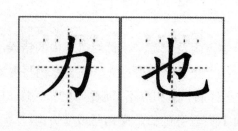

"力"字的书写方法：横微上扬，停笔折向左下行，横折等长，钩向左上，钩最低；横中起撇，撇舒展尾出尖；撇折平行。

"力"字的书写位置：横画起笔在左点与左中点中间，钩对右下中点；撇画起笔对上点，收笔撇向左下点。

应用规律：同向平行。

"也"字的书写方法：横笔上扬角度变大，横长折短，钩要写小；中间竖写高，竖尾对钩；竖弯钩起笔低，竖短横长，横笔伸展超出上折，向上出钩。

"也"字的书写位置：横起左点，折对右中点；竖起笔对上点，在竖中线；钩可展至右界点。

应用规律：内紧外松；底部平稳。

四、练习巩固

1.学生练习本课所学笔画及示范字，针对练习中的错误，教师提示如何改正。

2.本课常见易错点："力"字撇画勿长，撇与折平行，钩最低；"也"字横折钩夹角要小，竖弯钩竖转弯要写小，弯钩超出横折钩最外侧。

五、课堂总结

1.总结横折钩的书写方法及应用技巧，注意在不同汉字中，横折钩向内收时，横与折的夹角大小。

2.解决学生书写时常见的错误。

第29讲 横折钩的写法（二）

一、学习目标

1.认识并掌握横折钩及示范字的书写方法，熟练掌握横平竖直钩要小的书写要点。

2.观察横折钩在字中的横与折的长度变化，掌握横折钩书写时的动作及运笔过程。

3.感受书写美，激发学生的书写兴趣，培养学生良好的书写习惯。

二、学习重点、难点

重点：横短竖长，竖写直，钩写小。

难点：书写力度把控，行笔方向及书写节奏的把控。

三、实操建议

1.引导学生观察横平竖直横折钩的书写形态，注意横画摆腕后停顿，竖垂直下拉。

2.讲解横平竖直横折钩的书写方法：速写横，折笔停竖直向下至末端，蓄力向左上出钩。

示范字指导：

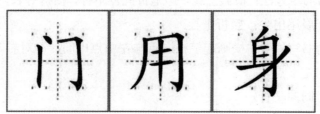

"门"字的书写方法：点笔高悬；点下起竖，竖写直；点右起横，竖写直，钩低于左竖。

"门"字的书写位置：点对左中点，钩至下点。

应用规律：左右有竖，右竖长。

"用"字的书写方法：第一笔竖撇先竖后撇，尾出尖；横微扬折停直下行，钩最低；横横平行中上移，两短横不连左右竖；竖居中写短。

"用"字的书写位置：竖撇撇向左下点；钩至下点；最后一笔竖在竖中线。

应用规律：同向平行，间距相等。

"身"字的书写方法：短斜撇起笔高；左竖短；横折钩横写短，竖写直，钩最低；两短横连左不连右；下横不过右折；斜撇舒展，尾出尖。

"身"字的书写位置：短斜撇起竖中线；短竖对左中点；折对右中点；撇尾撇向左下点。

应用规律：多横等距；重心平稳。

四、练习巩固

1.学生练习本课所学笔画及示范字，针对练习中的错误，教师提示如何改正。

2.本课常见易错点："门"字两竖垂直平行，钩低于左竖；"用"字三横平行等距，框内两横居中不连左右竖；"身"字第一笔撇要写短，最后一笔撇画收笔高于钩笔。

五、课堂总结

1.总结横折钩的书写方法及应用技巧。

2.解决学生书写时常见的错误。

六、同步拓展

不同汉字的横折钩的书写也不同，主要区分折画的角度与长度。

第 30 讲 横斜钩的写法

一、学习目标

1. 认识并掌握横斜钩及示范字的书写方法，熟练掌握横斜钩的书写特点。

2. 观察横斜钩在字中的应用，掌握横斜钩在书写时的动作及运笔过程。

3. 感受书写美，激发学生的书写兴趣，培养学生良好的书写习惯。

二、学习重点、难点

重点：横的仰角略大，斜钩先向内收，钩向正上方提出。

难点：书写力度把控，行笔方向、大小的把控。

三、实操建议

1. 引导学生观察横斜钩的书写形态，横斜钩的位置不同，斜钩的弧度不同。

2. 讲解横斜钩的书写方法：横上扬，停笔折向左下画圆，再转向右下，尾部向正上出钩。

示范字指导：

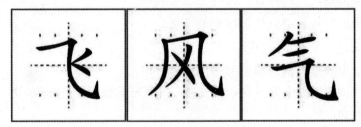

"飞"字的书写方法：横上扬，停笔稍向内折，再转向右下写斜钩；撇点交在斜钩中偏上。

"飞"字的书写位置：起笔对左点，折在竖中线，钩至右下点。

应用规律：上紧下松，斜而不倒。

"风"字的书写方法：首笔写竖撇，先竖后撇，书写流畅；横微扬斜钩展，钩最低，钩向上；撇点小，居中上。

"风"字的书写位置：竖撇找位左下点；钩对右界点，撇点交点在竖中线上。

应用规律：内紧外松；交点居中。

"气"字的书写方法：短撇稍平，起笔高；撇中上起短横；中间横最短；撇尾写横斜钩，横稍长，折对上横尾，斜钩稍立，钩向上。

"气"字的书写位置：短撇起笔对上点；短横收笔右中点；横斜钩展至右界点。

应用规律：多横等距。

四、练习巩固

1. 学生练习本课所学笔画及示范字，针对练习中的错误，教师提示如何改正。

2.本课常见易错点："飞"字书写平正，横仰角略大斜钩弧度略小；"风"字撇与点的交点在竖中线；"气"字横斜钩伸展勿写长。

五、课堂总结

1.总结横斜钩的书写方法及应用技巧。

2.解决学生书写时常见的错误。

第31讲 横折弯钩的写法

一、学习目标

1.认识并掌握横折弯钩及示范字的书写方法，熟练掌握横折弯钩的书写要点。

2.观察横折弯钩在字中的应用，掌握横折弯钩在书写时的动作及运笔过程。

3.感受书写美，激发学生的书写兴趣，培养学生良好的书写习惯。

二、学习重点、难点

重点：横上扬，折向内收，钩向正上方提出。

难点：横折弯钩各部分长短比例的变化。

三、实操建议

1.引导学生观察横折弯钩的书写形态。

2.讲解横折弯钩的书写方法：横上扬，折笔左下行，左下圆角，水平向右，钩向上。

示范字指导：

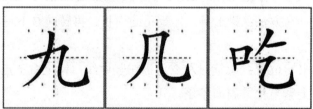

"九"字的书写方法：撇稍立，伸展写长，尾出尖；横画起笔低，右上扬，折与撇平行，下横对撇尾，横笔加长，钩向上。

"九"字的书写位置：斜撇起笔竖中线，撇尾撇向左下点；横画起笔横中线，折对右中点，钩可展至右界点。

应用规律：左右对应；底部平稳。

"几"字的书写方法：首笔写竖撇，竖长撇短；横微扬，竖折平行，弯钩舒展，钩向上。

"几"字的书写位置：竖撇起笔左中点，撇尾撇向左下点；横折弯钩可展至右界点。

应用规律：同向平行；底部平稳。

"吃"字的书写方法：口写小，呈倒梯形，居左上；短斜撇最高，撇中起横，对左折；写下看上，撇尾对下横，短横对左横，折向左内收，横笔加长，钩向上。

"吃"字的书写位置：口与左侧两点等宽；短撇起笔右上中点；钩可展至右界点。

应用规律：左小右大，左居左上。

四、练习巩固

1.学生练习本课所学笔画及示范字，针对练习中的错误，教师提示如何改正。

2.本课常见易错点："九"字笔顺先撇后写横折弯钩，撇尾与弯持平；"几"字竖撇尾与横笔持平；"吃"字口写小，居左上；折到靠近横画起笔位置时圆转写弯钩。

五、课堂总结

1.总结横折弯钩的书写方法及应用技巧，在不同的字中横折弯钩的折画的角度不同，但弯的部分要写平。

2.解决学生书写时常见的错误。

第32讲 作品临写（二）

一、学习目标

1.熟练掌握汉字在十字八点格中的位置。

2.简单了解书法作品创作的形式。

3.感受书写美，激发学生的书写兴趣，培养学生良好的书写习惯。

二、实操建议

1.手指操训练增强指腕肌肉力量。

2.训练学生握笔动作30次。笔杆垂直，笔尖指向自己，手指指向正前方，①捏（拇指食指捏起笔），②顶（中指顶起笔杆后下方），③调（调整笔杆靠在食指根部第一骨关节位置；调整笔尖指向，指向11点钟方向）。

3.带领学生熟读临写《寻隐者不遇》和《画鸡》。

4.书写之前要求先观察，并说出范文在十字八点格纸中的位置。

5.书写时，保持规范的书写姿势；保持卷面干净整洁；运用正确的控笔动作。

6.临写完成后，教师评析，同学相互欣赏。

三、课堂总结

1.书法作品临写的格式要求：按照范文的格式进行书写。

二年级

第1讲 竖折的写法

一、学习目标

1. 认识并掌握竖折及示范字的书写方法，熟练掌握竖画与横画的书写特点。

2. 观察竖折在字中的书写变化，分析不同的字形竖笔与折笔的长度不同。

3. 感受书写美，激发学生的书写兴趣，培养学生良好的书写习惯。

二、学习重点、难点

重点：体会折笔时，停顿的节奏。

难点：指腕转换灵活把控，竖写直，横写平。

三、实操建议

1. 引导学生观察竖折的形态，竖直横平，一般竖短横长。

2. 讲解竖折的书写方法：起笔轻按，稳直下行，竖尾停，右行写横，竖短横长。

示范字指导：

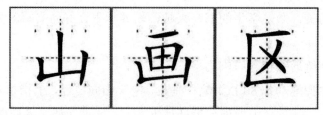

"山"字的书写方法：第一笔竖居中，起笔高，写垂直；第二笔竖折起笔低，竖短折长；最后一笔短竖起笔稍高于左竖，收笔略低于左折；三竖等距。

"山"字的书写位置：中竖起笔对上点，在竖中线；竖折起笔横中线。

应用规律：多竖等距；左右有竖，右竖长。

"画"字的书写方法：首横短；田写方，横头起竖，横尾对折，横竖等长；横中起竖，短竖中直居正；竖折起笔低，竖短折长；右竖起笔高，收笔最低。

"画"字的书写位置：短横对位左右中点；中竖在竖中线；左竖对左点，右竖对右点，收笔对下四点。

应用规律：同向平行等距；左右有竖，右竖长。

"区"字的书写方法：首横短，微上扬；撇点写小，交点居中；竖折竖长横短，收笔超出上横。

"区"字的书写位置：短横对点中；底横对右点。

应用规律：交点居中。

四、练习巩固

1.学生练习本课所学笔画及示范字，针对练习中的错误，教师提示如何改正。

2.本课常见易错点："山"字竖折竖短折长，边竖对应；"画"的横画竖画要平行等距；"区"注意书写笔顺。

五、课堂总结

1.总结竖折的书写方法与技巧。

2.解决学生书写时常见的错误。

第2讲 竖提的写法

一、学习目标

1.认识并掌握竖提及示范字的书写方法，熟练掌握竖画垂直提画尖锐的书写要点。

2.观察竖提在字中的位置与应用特点，掌握竖提在书写时的动作及运笔过程。

3.感受书写美，激发学生的书写兴趣，培养学生良好的书写习惯。

二、学习重点、难点

重点：竖画要写直，提画起笔重，收笔轻。

难点：竖提竖画力度均匀，提画行笔方向与长短的把控。

三、实操建议

1.引导学生观察竖提的书写形态以及示范字中竖与提的变化，竖提是竖画与提画的组合，要将竖写垂直雄壮，提画锋利尖锐。

2.讲解竖提的书写方法：竖写直，至末端，轻按右上提，尾出尖。

示范字指导：

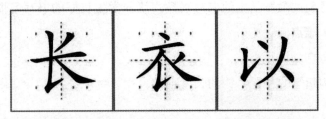

"长"字的书写方法：短撇稍平；横稍长微上扬；竖提在横中偏左，提最低；捺右展，过横尾。

"长"字的书写位置：短撇起笔右上中点；竖提起笔上点，竖对左中点，提对左下中点；捺脚找右下点。

应用规律：平正匀称；竖低捺高。

"衣"字的书写方法：点居中；点下有横留距离，横勿写长；写下看上，撇头对上点，撇尾过横头；竖提稍短，提最低；横尾对短撇头；捺画起笔在撇头偏下，伸展写长。

"衣"字的书写位置：点在竖中线，起笔对上四点；撇尾对左下点；竖提低至左下中点；捺画找位右下点。

应用规律：点下有横要悬空；撇捺在下，撇高捺低。

"以"字的书写方法：竖稍短，提稍长，写平稳；点画稍高；撇画起笔最高，伸展写长，撇提呼应；点画可以写长。

"以"字的书写位置：竖提起笔对左点；点画起笔对左中点；斜撇起笔右上中点，撇向左下中点；斜长点收笔右下点。

应用规律：左紧右松；点在右下，点最低。

四、练习巩固

1.学生练习本课所学笔画及示范字，针对练习中的错误，教师提示如何改正。

2.本课常见易错点："长"字捺画起笔不要写到横竖交点上；"衣"字横画长度介于长横和短横之间，竖提不要写到竖中线上；"以"字最后一点写长。

五、课堂总结

总结竖提的书写方法及应用技巧，在不同汉字里，与纵向（竖）夹角大小的不同。

第3讲 竖钩的写法

一、学习目标

1.认识并掌握竖钩及示范字的书写方法，熟练掌握竖钩竖直钩小的形态特点。

2.观察竖钩在字中的位置，掌握竖钩在书写时的动作及运笔过程。

3.感受书写美，激发学生的书写兴趣，培养学生良好的书写习惯。

二、学习重点、难点

重点：竖写直，钩写小。

难点：竖钩起笔的位置，钩的长度把控。

三、实操建议

1.引导学生观察竖钩的形态，竖钩的竖要挺直，钩先蓄力再提笔，要写短。

2.讲解竖钩的书写方法：起笔停，慢写竖，直下行，至末端停稳蓄力向左上出尖。

示范字指导：

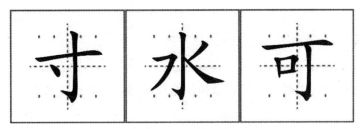

"寸"字的书写方法：横勿短，起笔低；横中偏右写竖钩，竖写直，钩有力；点写小，左上移。

"寸"字的书写位置：横画找位左右点；竖钩起笔上点，钩至下点；点画对左中点。

应用规律：书写匀称，左右平衡。

"水"字的书写方法：竖写直，要写长，钩最低，要写短；横微扬，横撇离竖；短撇高；捺伸展。

"水"字的书写位置：竖钩在竖中线，起笔对上点，钩对下点；横撇起笔对左点；捺画对右点，可展至右界点。

应用规律：左右对应；中竖垂直。

"可"字的书写方法：首横长；写下看上，口写小，居左上；竖写直，钩写小。

"可"字的书写位置：长横对位左右点；钩至下点。

应用规律：左右匀称，上紧下松。

四、练习巩固

1.学生练习本课所学笔画及示范字，针对练习中的错误，教师提示如何改正。

2.本课常见易错点："寸"字横画起笔靠近横中线，竖钩在横画中偏右，不能写在竖中线；"水"字钩是最低点，横撇不挨竖钩，撇捺收笔持平；"可"字口向左上移。

五、课堂总结

1.观察示范字竖钩的位置，当竖钩在右侧时，左侧笔画少的部分向左上移，让整个字左右平衡。

2.解决学生书写时常见的错误。

六、同步拓展

复合笔画起笔竖画行笔缓慢，写垂直。

第4讲 竖弯钩的写法

一、学习目标

1.认识并掌握竖弯钩及示范字的书写方法，熟练掌握竖直钩向正上方提出的特点。

2.观察竖弯钩在不同的字中，竖和横长短不同，掌握竖弯钩在书写时的动作及运笔过程。

3.感受书写美，激发学生的书写兴趣，培养学生良好的书写习惯。

二、学习重点、难点

重点：竖写直，弯处圆转，转弯处写小，底部写平。

难点：弯处圆转要小。

三、实操建议

1.引导学生观察竖弯钩的形态，圆转处书写流畅；钩画蓄力提笔向正上方。

2.讲解竖弯钩的书写方法：竖笔稳下行，圆转向右行，收笔蓄力正上出钩。

示范字指导：

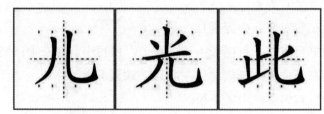

"儿"字的书写方法：首笔竖撇，竖长撇短；竖弯钩起笔高于左竖，竖长横短，横笔对撇尾，钩向正上方提出。

"儿"字的书写位置：竖撇起笔对左中点，收笔到左下点；竖弯钩可展至右界点。

应用规律：左右有竖，右竖高；竖弯钩上方无笔画，竖长横短。

"光"字的书写方法：一竖在上要写高；左点立，右撇斜；横画勿写长，右上扬；写下看上，撇头对上点；竖弯钩写舒展。

"光"字的书写位置：竖在竖中线，起笔对上点；左点对左中点；短撇对右中点；横起笔在横中线；撇尾撇向左下点；竖弯钩展至右界点。

应用规律：上紧下松；竖弯钩上方有笔画，竖短横长。

"此"字的书写方法：第一笔竖短要写直；竖中起横；竖中起左竖；提最左，收笔对短横尾；写右看左，短撇起笔略高于左横；竖弯钩起笔最高，横对提头，钩向正上方提出。

"此"字的书写位置：第一笔竖对左中点；提起左下点；竖弯钩展至右界点。

应用规律：左右有竖，右竖高；左紧右松；底部平稳。

四、练习巩固

1.学生练习本课所学笔画及示范字，针对练习中的错误，教师提示如何改正。

2.本课常见易错点：竖弯钩要写伸展；"儿""此"字竖弯钩起笔高于左竖，底部写平；"光"字竖弯钩，竖笔短，横笔长。

五、课堂总结

1.观察示范字竖弯钩与其他笔画的关系，当竖弯钩上方有笔画时，竖短横长；当竖弯钩上方无笔画时，竖长横短。

2.解决学生书写时常见的错误。

第5讲 竖折折钩的写法

一、学习目标

1.认识并掌握竖折折钩及示范字的书写方法，熟练掌握竖折折钩的书写要点。

2.观察竖折折钩在字中的应用，掌握竖折折钩在书写时的动作及运笔过程。

3.感受书写美，激发学生的书写兴趣，培养学生良好的书写习惯。

二、学习重点、难点

重点：竖略斜，第一折尖角直接写横，第二折停顿写竖，钩向第一折方向。

难点：书写力度把控，行笔方向及书写节奏的把控。

三、实操建议

1.引导学生观察竖折折钩的书写形态，结合示范字"马"熟练掌握竖折折钩的写法。

2.讲解竖折折钩的书写方法：短竖向左斜，尖角折向右行，停笔折向左下行，收笔尖角向左上出钩。

示范字指导：

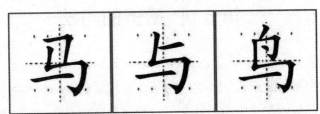

"马"字的书写方法：首笔横折横短折长，折稍向内收；横头写下竖，尖角写横，横展折内收，钩向第一折角；横写长向上移，不连右折。

"马"字的书写位置：横起笔对左中点，折角对右中点；竖折折钩第二折对右点；最后一横起笔对左点。

应用规律：上紧下松，同相平行，左右对应。

"与"字的书写方法：首笔短横微上扬；竖稍向左倾，尖角折向右行，横写展，第二折向内收，钩对第一横尾；横写长，不连右折，同向平行距相等。

"与"字的书写位置：竖折折钩起笔靠近左上中点，第二折对右点；最后一横起笔对左点。

应用规律：同向平行，间距相等，左右匀称。

"鸟"字的书写方法：短斜撇要写高；横折钩写短小；点居中；竖折折钩要写展；末笔长横往上移，不连右折；折多靠右，横多靠左。

"鸟"字的书写位置：短撇起笔竖中线，高至上界点；横折钩对位左右中点；竖折折钩第二折对右点；最后一横起笔对左点。

应用规律：上紧下松，左右匀称。

四、练习巩固

1.学生练习本课所学笔画及示范字，针对练习中的错误，教师提示如何改正。

2.本课常见易错点："马"字书写上小下大，出钩处可以与第一笔横折折角对齐；三个示范字最后一笔横均不连右折。

五、课堂总结

1.总结竖折折钩的书写方法及应用技巧。

2.解决学生书写时常见的错误。

六、同步拓展

复合笔画起笔竖或直或斜，注意竖画行笔缓慢。

第6讲 撇折的写法

一、学习目标

1.认识并掌握撇折及示范字的书写方法，熟练掌握撇与折的书写特点。

2.观察撇折的折画在字中的书写变化，当撇折与点画组合时，撇折变撇提。

3.感受书写美，激发学生的书写兴趣，培养学生良好的书写习惯。

二、学习重点、难点

重点：体会折笔时，撇尾先提笔，再按下去写折，腕转指自然流畅。

难点：撇与横组合书写时力度的变化。

三、实操建议

1.引导学生观察撇折的形态，当撇折与点画组合时，撇折变撇提。

2.讲解撇折的书写方法：短撇左下行，由重到轻，撇尾轻按，折向右偏上行。

示范字指导：

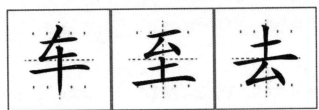

"车"字的书写方法：首横短，起笔高；横中起撇，撇尾对横头，折尾对横尾；下横写长；撇头对竖，竖写直写长。

"车"字的书写位置：短横对位左右中点；长横对位左右点；竖画写在竖中线。

应用规律：上紧下松；中竖垂直。

"至"字的书写方法：首横短；横中起撇，撇提短；点画小，起笔对撇头，收笔对左折；土的首横短；短竖写直，对撇头；一横独长写伸展。

"至"字的书写位置：短横对位左右中点；竖在竖中线；长横对位左右点，最长可至左右界点。

应用规律：上紧下松；中竖垂直；底横平稳。

"去"字的书写方法：首横短；短竖写高，穿横中；第二横写长，两横平行距勿远；写下看上，撇头对上竖；点最低。

"去"字的书写位置：短横对位左右中点；短竖在竖中线；长横对位左右点，最长可至左右界点。

应用规律：上宽下窄；多横平行。

四、练习巩固

1.学生练习本课所学笔画及示范字，针对练习中的错误，教师提示如何改正。

2.本课常见易错点："车"字撇勿写长，长横对位左右点；"去"字最后点画写长，收笔最低。

五、课堂总结

1.总结撇折的书写方法与应用技巧。

2.解决学生书写时常见的错误。

第7讲 弯钩的写法

一、学习目标

1.认识并掌握弯钩及示范字的书写方法，熟练掌握弯钩弯而不倒的书写特点。

2.观察弯钩在字中的应用，掌握弯钩在书写时的动作及运笔过程。

3.感受书写美，激发学生的书写兴趣，培养学生良好的书写习惯。

二、学习重点、难点

重点：弯钩弧度适中，起笔和钩在一条垂直线上。

难点：弯钩弧度略小，弯而不倒。

三、实操建议

1. 引导学生观察弯钩的形态，联想弯钩可以应用到反犬旁、子字旁的书写上。

2. 讲解弯钩的书写方法：轻入笔，缓缓右下行，形如弓，至末端，蓄力出尖，起笔、出钩处在一条垂直线上。

示范字指导：

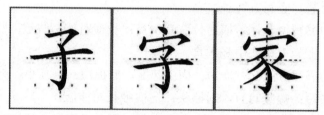

"子"字的书写方法：横撇短，弯钩长；长横写在交点下；横中、交点、出钩点在一条垂直线上。

"子"字的书写位置：横撇起笔左中点，折对右中点，撇到竖中线；弯钩到下点；长横对位左右点。

应用规律：上紧下松；重心平稳。

"字"字的书写方法：首点居中写高；左点立；横钩稍短；子的横撇撇至横中，横中、交点、出钩点在一条垂直线上；长横写在交点下。

"字"字的书写位置：首点对上点；横撇横对左右中点；弯钩低至下点；长横对位左右点。

应用规律：上窄下宽，左右匀称。

"家"字的书写方法：首点居中写高；左点立；横钩稍短；左点尾对短横；横中起撇；弯钩最低，钩对上点；三撇等距写紧凑；左右均衡捺伸展。

"家"字的书写位置：首点对上点；弯钩低至下点；撇尾对左下点；捺尾找右下点。

应用规律：左右对应，重心平稳。

四、练习巩固

1. 学生练习本课所学笔画及示范字，针对练习中的错误，教师提示如何改正。

2. 本课常见易错点："子"字横画写在横撇与弯钩交点下方；"字""家"字宝盖勿写宽；弯钩弧度不宜过大。

五、课堂总结

1. 总结弯钩的书写方法及应用技巧。

2. 解决学生书写时常见的错误。

第 8 讲 斜钩的写法

一、学习目标

1.认识并掌握斜钩及示范字的书写方法，熟练掌握斜钩的书写特点。

2.观察斜钩在字中一般作为主笔，要写伸展，掌握斜钩在书写时的动作及运笔过程。

3.感受书写美，激发学生的书写兴趣，培养学生良好的书写习惯。

二、学习重点、难点

重点：斜钩弧度较小，钩向正上方提出。

难点：斜钩书写力度的变化，重入笔，轻行笔转重至钩处，蓄力挑笔出钩。

三、实操建议

1.引导学生观察斜钩的形态。

2.讲解斜钩的书写方法：起笔轻按，右下行，至末端，蓄力向正上方出尖。

示范字指导：

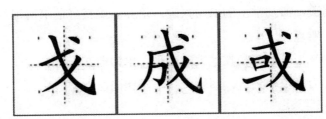

"戈"字的书写方法：首横短，右上扬；斜钩伸展加长，起笔最高，钩最低；写下看上，横尾对撇头，撇稍长；点尾对撇头。

"戈"字的书写位置：短横起笔横中线；斜钩起笔对左上中点，钩至右下点；点对右上中点。

应用规律：上紧下松，斜而不倒。

"成"字的书写方法：首横短，右上扬；竖撇挡横；撇中偏上写横折钩；横中起斜钩，斜钩伸展加长；写下看上，横尾对撇头；点尾对撇头。

"成"字的书写位置：首横至右中点；撇尾找位左下点；斜钩起笔竖中线，钩可展至右界点。

应用规律：内紧外松；主笔突出。

"或"字的书写方法：首横短，右上扬；横头写下竖，口写小；提左延，往上凑；斜钩起笔高，钩最低；写下看上，撇头对横尾，点尾对撇头。

"或"字的书写位置：首横至右中点；提画起笔左下点；斜钩起笔对上点，钩至右界点。

应用规律：内紧外松，左右匀称。

四、练习巩固

1.学生练习本课所学笔画及示范字，针对练习中的错误，教师提示如何改正。

2.本课常见易错点："戈"字要直挺，斜钩弧度不能过弯；"成"字横折钩要写小；"或"字口要写小，左上移。

五、课堂总结

1.总结斜钩的书写方法及应用技巧，斜钩与横组合时，横画上扬角度变大。

2.解决学生书写时常见的错误。

第9讲 卧钩的写法

一、学习目标

1.认识并掌握卧钩及示范字的书写方法，熟练掌握卧钩的书写特点。

2.观察卧钩在字中的应用，掌握卧钩在书写时的动作及运笔过程。

3.感受书写美，激发学生的书写兴趣，培养学生良好的书写习惯。

二、学习重点、难点

重点：卧钩略平，起笔和收笔大致持平，出钩向左上方。

难点：书写力度由轻到重，圆转画弧，出钩向左上方。

三、实操建议

1.引导学生观察卧钩的形态，由卧钩联想到心字底，心的写法要熟练掌握。

2.讲解卧钩的书写方法：轻入笔，右下行，底部稍平，如小船，收笔向左上出尖。

示范字指导：

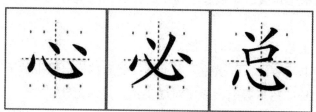

"心"字的书写方法：左点立，起笔低；卧钩起笔与第一点对齐，轻入笔，卧钩稍平；第三笔点画写中间，要写高；右点斜，在钩外。

"心"字的书写位置：第一笔点画对左点；卧钩起笔对左中点，钩尾对右中点；第二点写在竖中线；最后一笔点画对右点。

应用规律：左右匀称。

"必"字的书写方法：左点立，起笔低；卧钩起笔与第一点对齐，轻入笔，卧钩稍立；中点向左移；撇最高，尾出尖；右点斜，在钩外；三点与撇等距离。

"必"字的书写位置：第一笔点画对左点；卧钩起笔对左中点；撇起右中点，尾找左下点；最后一笔点画对右点。

应用规律：左右匀称。

"总"字的书写方法：首点稍平，点低撇高；上下同宽，口略扁，呈倒梯形；心字底左点立；写下看上，卧钩起笔对上竖，卧钩写小；第二点居中；最后一点在钩外；三点呈一条斜直线。

"总"字的书写位置：首点对左上中点；短撇对右上中点；心字底左点找左下点，第二点写在竖中线；右点对右点。

应用规律：上窄下宽，重心平稳。

四、练习巩固

1.学生练习本课所学笔画及示范字，针对练习中的错误，教师提示如何改正。

2.本课常见易错点：卧钩书写要平正；"心"字三点要呼应；"总"字口要写扁。

五、课堂总结

1.总结卧钩的书写方法及应用技巧，卧钩多用于心字底，书写时要注意三点的位置变化。

2.解决学生书写时常见的错误。

六、同步拓展

钩是汉字最基本的笔画，它出现在不同汉字里，其方向有不同的变化，与垂直线（竖）夹角大小的变化。

第10讲 撇点/竖弯的写法

一、学习目标

1.认识并掌握撇点与竖弯的书写方法，熟练掌握这两个笔画的书写要点。

2.观察这两个笔画在字中的应用，掌握这两个笔画在书写时的动作及运笔过程。

3.感受书写美，激发学生的书写兴趣，培养学生良好的书写习惯。

二、学习重点、难点

重点：撇点尖角，竖弯圆转，腕转指自然流畅。

难点：两笔基础笔画组合时，指腕发力的力度把控，行笔方向、角度、大小的把控。撇点在于撇画与长点的角度，点画的长度变化。竖弯在竖转弯时转笔要小。

三、实操建议

1.引导学生观察撇点和竖弯的书写形态。

2.讲解撇点的书写方法：撇写纵，点舒展，撇点同长，夹角大约90度，重心稳。

3.讲解竖弯的书写方法：先写竖，再转弯，角稍圆，稳笔停。

示范字指导：

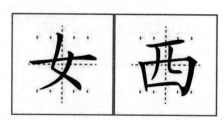

"女"字的书写方法：撇写纵，点舒展，撇点同长；第二笔撇起笔与第一撇中间持平，第二笔撇与点的交点对第一笔撇头；一横独长要突显，横画伸展写长。

"女"字的书写位置：撇起竖中线，点尾找右下点；撇尾撇向左下点；长横对位左右界点。

应用规律：重心平稳，左右匀称。

"西"字的书写方法：首横短；竖画内斜，折内收，左右对应；撇画立；竖弯竖长横短；最后一笔横画封口。

"西"字的书写位置：横画超过左右中点；左竖对左点；折角对右点。

应用规律：同向平行，间距相等。

四、练习巩固

1.学生练习本课所学笔画及示范字，针对练习中的错误，教师提示如何改正。

2.本课常见易错点："女"字第二笔撇写短，横画没有写长；"西"字字框两竖内收角度小且对称。

五、课堂总结

1.总结撇点与竖弯的书写方法及应用技巧。

2.解决学生书写时常见的错误。

第11讲 横折提/竖折撇的写法

一、学习目标

1.认识并掌握横折提与竖折撇的书写方法，熟练掌握这两个笔画的书写要点。

2.观察这两个笔画在字中的应用，掌握这两个笔画在书写时的动作及运笔过程。

3.感受书写美，激发学生的书写兴趣，培养学生良好的书写习惯。

二、学习重点、难点

重点：横折提的横短上扬。竖折撇起笔和收笔在一条垂直线上。

难点：笔画力度把控，行笔方向、角度、大小的把控。

三、实操建议

1.引导学生观察横折提和竖折撇的书写形态，这两个笔画都是固定应用，横折提应用到言字旁；竖折撇应用到"专"字或者含有"专"的字。

2.讲解横折提的书写方法：横短微上扬，折停直下尾偏左，停笔蓄力右上提。

3.讲解竖折撇的书写方法：竖要写长，向左偏，尖角折短，停顿写短撇，竖头撇尾对横中间。

示范字指导：

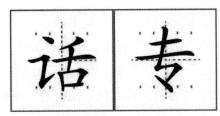

"话"字的书写方法：点笔高悬；横微扬，折对上点，提稍短；短撇起笔对第一笔点；横写长，起笔对左横；短竖左倾；口写小，呈倒梯形，短竖起笔对提尾，底横写平。

"话"字的书写位置：首点对左上中点；横折提起笔横中线；口的短竖在竖中线，收笔对下点。

应用规律：左窄右宽；左右有横，横对横。

"专"字的书写方法：首横短，二横长，写紧凑；横中起竖，竖左倾，撇尾对竖头；点最低。

"专"字的书写位置：短横对位左右中点；长横对位左右点；竖起竖中线。

应用规律：同向平行，间距相等。

四、练习巩固

1.学生练习本课所学笔画及示范字，针对练习中的错误，教师提示如何改正。

2.本课常见易错点：言字旁点对竖；"专"字三横平行等距，竖折撇竖起笔、折的中点、撇尾在一条垂直线上。

五、课堂总结

1.总结横折提与竖折撇的书写方法及应用技巧。

2.解决学生书写时常见的错误。

第12讲 横折折撇/横折折折钩的写法

一、学习目标

1.认识横折折撇与横折折折钩的书写方法，熟练掌握这两个笔画的书写要点。

2.观察这两个笔画在字中的应用，掌握这两个笔画在书写时的动作及运笔过程。

3.感受书写美，激发学生的书写兴趣，培养学生良好的书写习惯。

二、学习重点、难点

重点：体会折笔时，腕转指自然流畅，横折折撇的两折笔写短。

难点：多笔画组合时指腕力度的把控，行笔方向、角度、大小的把控。

三、实操建议

1.引导学生观察横折折撇和横折折折钩的书写形态，这两个笔画都是固定应用，横折折撇应用到走之、建之和含有"及"的字，横折折折钩多用于含有"乃""弓"的字。

2.讲解横折折撇的书写方法：横勿长，微上扬，两折短，下撇长，同向平行勿写散。

3.讲解横折折折钩的书写方法：横上扬，上折短，下折长，同向平行，钩对上折。

示范字指导：

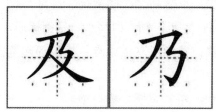

"及"字的书写方法：先写撇，撇稍立，尾出尖；横上扬，上折长，下折短，外撇挡内撇；撇中上起捺，对右折，捺写展，收笔最低。

"及"字的书写位置：第一折角对右中点；捺尾展至右边界点。

应用规律：上紧下松，内紧外松。

"乃"字的书写方法：横上扬，上折短向内收，第二折可向右下行笔，下折长，向内收，钩对上折，钩最低；横中起撇，撇折平行。

"乃"字的书写位置：第一折角对右中点；斜撇起笔竖中线，撇尾撇向左下点。

应用规律：上紧下松，书写平正。

四、练习巩固

1.学生练习本课所学笔画及示范字，针对练习中的错误，教师提示如何改正。

2.本课常见易错点：注意两个示范字的书写笔顺，"及"字第一笔撇，第二笔横折折撇，最后一笔捺画；"乃"字第一笔横折折折钩，第二笔撇。

五、课堂总结

1.总结横折折撇与横折折折钩的书写方法及应用技巧。

2.解决学生书写时常见的错误。

六、同步拓展

本单元所学笔画为示范字应用较少或者字形固定的笔画，需要熟练掌握笔画的写法以及本笔画典型示范字的书写要领，做到整洁规范、举一反三。

第 13 讲 口字旁

一、学习目标

1.引导学生观察口字旁字形笔画，熟练掌握口做偏旁要写小的应用特点。

2.掌握口字旁的书写方法及笔画之间的对应关系。

3.感受书写美，激发学生的书写兴趣，培养学生良好的书写习惯。

二、学习重点、难点

重点：口做偏旁要写小。

难点：口要小，口做左偏旁，位置在字的左侧中间偏上。

三、实操建议

1.引导学生思考"口"字和口字旁各自的特点，并进行比较。

2.讲解口字旁的书写方法：口要小，竖画起笔对左点，折对左中点，位于中间偏上。

示范字指导：

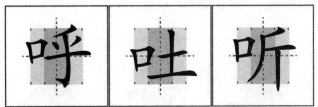

呼： 左小右大，左居左上；口与左两点等宽，平撇起笔高，左点对撇尾，右撇对撇头，点低撇高，横画写长，对左横，弯钩在撇中起笔。

吐： 左窄右宽，口与左两点等宽，写右看左，横压横，竖画起笔高，对右中点，垂直写长，最后一笔横画起笔对左中点，伸展写长。

听： 左小右大，左居左上；口与左两点等宽，右侧平撇起笔对上点，竖撇挡平撇，竖长撇短，收笔找左下中点，横画收笔超出上撇头，竖画垂直，收笔低于左撇。

提醒学生注意观察不同结构的字起笔的位置不同，要求学生注意在书写时做到下笔位置准确。

拓展练习

书写提示：左右结构，左窄右宽，左侧部分笔画少的或形状小的，应当靠左上书写。

四、课堂总结

总结口字旁以及口字旁字的书写方法与技巧，针对学生在书写中出现的问题，提醒学生注意事项。口字旁书写时均呈倒梯形，上宽下窄，口字做偏旁时，横折微向右上倾斜，示范字中"吐"字口对在右部"土"的中间位置，"呼"和"听"字口对在右部中间偏上位置。

第14讲 木字旁

一、学习目标

1. 引导学生观察木字旁字形笔画，熟练掌握木做偏旁捺变点的应用特点。

2. 掌握木字旁的书写方法及笔画之间的对应关系。

3. 感受书写美，激发学生的书写兴趣，培养学生良好的书写习惯。

二、学习重点、难点

重点：木做偏旁捺变点，横中偏右写竖。

难点：竖画的长短变化根据右侧的笔画决定。

三、实操建议

1. 引导学生思考"木"和木字旁各自的特点，并进行比较。

2. 讲解木字旁的书写方法：横画变短，微上扬，起笔稍低，横中偏右写竖，撇画伸展，超过横头，捺画变点，起笔在竖中，收笔对横尾。

示范字指导：

杠：左窄右宽，横画起笔对左点，靠近横中线，竖对左中点，左偏旁右平切，写右看左，左右有横，左压右，工的横画起笔在横尾，横中写短竖，最后一笔横画起笔略高于左竖末端，对左撇尾，伸展写长。

棉：左窄右宽，横画起笔对左点，竖对左中点，左偏旁右平切，短撇稍立，起笔最高，日写扁，巾的短竖写直，在点尾，横折钩稍宽，横中写竖，对撇头，收笔最低。

林：左窄右宽，横画起笔对左点，靠近横中线，竖对左中点，左右有横，左压右，左右有竖，右竖长，右竖起笔高于左竖，收笔低于左竖，撇收捺展，收笔在一条线上。

提醒学生注意观察不同结构的字起笔的位置不同，要求学生注意在书写时做到下笔位置准确。

拓展练习

书写提示：左右结构，左窄右宽；字有捺画做偏旁时，捺变点。

四、课堂总结

木字旁书写时，竖画在短横中间靠右位置，撇画在横竖交叉点，点画靠下，在示范字中依照右部大小，书写木字旁的长短。"杠"字书写时左部较长较窄，右部较宽，突出下部长横；"棉"字右部笔画较多，书写时横横平行，左窄右宽，右半部分上下均高于左侧部分；"林"字此类字左右均为一个字时，应呈左小右大，左窄右宽，分清主次。

第15讲 三点水

一、学习目标

1. 引导学生观察三点水字形笔画，熟练掌握三点水要写窄的应用特点。

2. 掌握三点水的书写方法及笔画之间的对应关系。

3. 感受书写美，激发学生的书写兴趣，培养学生良好的书写习惯。

二、学习重点、难点

重点：两点紧凑，提画距离稍远，提画的方向指向第一点尾。

难点：三点水窄长，长度根据右侧部分笔画的多少决定。

三、实操建议

1. 引导学生掌握三点水书写的特点。

2. 讲解三点水的书写方法：首点高，第二点偏左，靠近第一点，两点书写方向不一样，提稍长，提尾找点尾。

示范字指导：

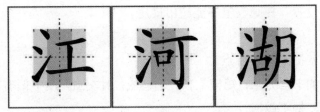

江：左窄右宽，左长右扁，首点高，对左中点，前两点紧凑，提稍长，起笔左下点，

第一点尾起右横，横中起竖，竖写直，提中起横，横写长，起笔对左中点。

河：左窄右宽，左高右低，首点高，起笔对左上点，前两点紧凑，提稍短，起笔左下点，第一点尾起右横，起笔对左中点，口的竖画起笔对第二点尾，竖钩写直，钩最低，过下点。

湖：左窄中右宽，第一笔点对左上点，前两点紧凑，提稍短，起笔左下点，古的横画起笔对点尾，对左中点，横中起竖，竖左倾，口写小，竖撇起笔对右中点，横折钩折对右上点，竖写直，钩最低，两个短横连左不连右，横画平行等距。

提醒学生注意观察不同的字起笔的位置不同，要求学生注意在书写时做到下笔位置准确。

拓展练习

书写提示：左右结构，左窄右宽；三点水的长短根据右侧笔画的多少决定；三点水可看作"丨"，"江"整体呈⊏状，竖长横扁；"河"整体呈⊓状，上部竖高横低，下部两竖右竖低；"湖"屮状上部竖高横低，两竖右竖高，下部竖低横高，两竖右竖低。

四、课堂总结

总结三点水以及三点水字的书写方法与技巧，针对学生在书写中出现的问题，提醒学生注意事项。三点水应观察两点一提的摆放位置和右半部分书写时的距离。"江""河"二字书写时，左右距离较大，"江"字右部应居左部中间，不宜写过高；"湖"书写时应呈渐次加长的势态书写，且左中右较紧凑。

第 16 讲 提手旁

一、学习目标

1. 引导学生观察提手旁字形笔画，熟练掌握提手旁要写窄的应用特点。

2. 掌握提手旁的书写方法及笔画之间的对应关系。

3. 感受书写美，激发学生的书写兴趣，培养学生良好的书写习惯。

二、学习重点、难点

重点：短横起笔低，横中偏右写竖钩，提画收笔对横尾。

难点：短横的位置，提画收笔不能超出横尾。

三、实操建议

1. 引导学生观察提手旁的特点。

2. 讲解提手旁的书写方法：短横上扬，起笔低，对左点，横中偏右写竖钩，竖写直，对左中点，钩写小，提不越横。

示范字指导：

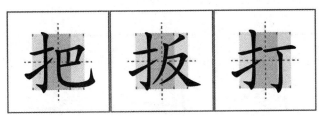

把：短横低，起笔对左点，横中偏右写竖钩，竖写直，对左中点，起笔最高，钩最低，提不越横，横尾写横折，横长折短，三竖等距，竖弯钩超出上折，可至右界点，向上出钩。

扳：短横起笔对左点，横中偏右写竖钩，竖写直，对左中点，起笔最高，钩最低，提不越横，平撇稍高，起笔对右上点，竖撇挡平撇，写稍立，又写小，折对平撇起笔，撇收捺伸展，撇捺在下，撇高捺低。

打：短横低，起笔对左点，横中偏右写竖钩，竖写直，对左中点，起笔最高，提不越横，写右看左，横压横，右横写长，横中起笔写竖钩，钩过下点，低于左钩。

拓展练习

书写提示：左右结构，左窄右宽；提手旁的右侧齐平。

四、课堂总结

总结提手旁以及带提手旁汉字的书写方法与技巧，针对学生在书写中出现的问题，提醒学生注意事项。提手旁书写时横画较短，起笔较低，竖钩根据右侧部分大小定长短；"把"字左高右低，竖弯钩横向伸展；"扳"字呈左小右大，捺画横向伸展；"打"字左高右低，横画向右伸展，竖钩最低。

第17讲 单人旁

一、学习目标

1. 引导学生观察单人旁字形笔画，熟练掌握单人旁要写窄的应用特点。

2. 掌握单人旁的书写方法及左右部分笔画之间的对应关系。

3. 感受书写美，激发学生的书写兴趣，培养学生良好的书写习惯。

二、学习重点、难点

重点：撇稍直，竖稍斜。

难点：撇画与竖画的交点位置。

三、实操建议

1. 引导学生观察单人旁的特点，并联想到双人旁的书写特点。

2. 讲解单人旁的书写方法：撇画起笔对左上中点，撇稍立，收笔超过横中线，撇中上写竖，竖写直，可有向左倾的笔势，不能向右倾。

示范字指导：

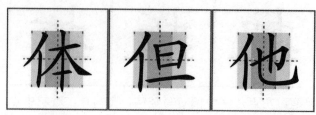

体：左窄右宽，撇画起笔对左上中点，撇稍立，收笔超过横中线，撇中上写竖，右侧短横起笔对撇竖交点，竖画起笔高，收笔最低，撇收捺伸展，撇捺底部齐平，最后一笔小短横对齐撇捺收笔。

但：左窄右宽，撇画起笔对左上中点，撇稍立，收笔超过横中线，撇中上写竖，竖画收笔最低，日的竖画起笔低，在竖中线，多横平行等距，最后一笔横画起笔对左中点，伸展写长。

他：左窄右宽，撇画起笔对左上中点，撇稍立，收笔超过横中线，撇中上写竖，竖画收笔最低，横折钩起笔对左中点，倾斜角度大，中间竖画写高，三竖等距，竖弯钩伸展到右界点，向上出钩。

提醒学生注意观察不同结构的字起笔的位置不同，要求学生注意在书写时做到下笔位置准确。

拓展练习

书写提示：左右结构，左窄右宽；单人旁的长短根据右侧部分的大小决定，右侧部分有纵向伸展笔画单人旁要收短，右侧无纵向伸展笔画单人旁可写长；"体"整体呈 ‖ 状，上部两竖右竖高，下部两竖右竖低。"但"整体呈 匚 状，竖长横扁；"他"整体呈 凵 状，上部两竖右竖高，下部竖低横高。

四、课堂总结

总结单人旁以及单人旁字的书写方法与技巧，针对学生在书写中出现的问题，提醒学生注意事项。单人旁书写时撇画勿长，竖画起笔在撇画中上方；示范字"体"字两竖要垂直平行，本的撇画要收短，最后一笔的小短横与撇捺不相连；"但"字最后长横写平稳，倾斜角度要小；"他"字的竖弯钩书写时，竖笔超过右竖尾立即圆转写横，不能写太长，横笔要超出上方最右侧的折，再出钩。

第 18 讲 女字旁

一、学习目标

1. 引导学生观察女字旁字形笔画，熟练掌握女字旁要写窄右侧齐平的应用特点。

2. 掌握女字旁的书写方法及笔画之间的对应关系。

3. 感受书写美，激发学生的书写兴趣，培养学生良好的书写习惯。

二、学习重点、难点

重点：撇长点短，提尾交在右侧撇画的下方，女字旁右侧齐平。

难点：第一笔撇点的撇立起来，像一笔竖，第二笔的撇离第一笔撇较近，横画变提画，不超过右边的撇。

三、实操建议

1. 引导学生思考"女"字和女字旁各自的特点，并进行比较。

2. 讲解女字旁的书写方法：撇点起笔对左上中点，撇要长，点要短，第二撇起笔对点尾，两撇距离小，大致平行，横变提，不出头。

示范字指导：

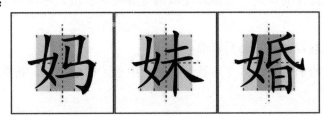

妈：左小右大，撇点起笔对左上中点，撇撇平行距离小，提画起笔横中线，不出头，横折起笔略低撇头，折内收，横头写竖，不连横，竖折平行，第二折对右点，钩最低，对上折，长横起笔对交点，收笔不连右折。

妹：女字旁收短，撇点起笔偏左，撇撇平行距离小，提画起笔横中线，不出头，短横对撇头，两横平行上短下长，横中写竖，竖画垂直写长，对右中点，起笔最高收笔最低，撇收捺展，撇捺收笔在一条水平线上。

婚：左小右大，撇点起笔对左上中点，撇撇平行距离小，提画起笔横中线，不出头，平撇与左撇同高，竖提写短，竖在竖中线，短横上扬，与平撇大致平行，斜钩写长，起笔对右上中点，钩至右界点，低于提，日写窄，两竖垂直，三横等距。

提醒学生注意观察不同的字起笔的位置不同，要求学生注意在书写时做到下笔位置准确。

拓展练习

书写提示：左右结构，左窄右宽，左偏旁右平切。

四、课堂总结

总结女字旁以及女字旁字的书写方法与技巧，针对学生在书写中出现的问题，提醒学生注意事项。女字旁撇点夹角略大于 90 度，右部撇画与撇点撇画平行，横画变提画，向右上倾斜。示范字"妈""婚"二字右部均呈上紧下松，带有一定倾斜角度，"妹"字右半部分撇捺弧度略大，不可写直，下部撇捺较为舒展。

第 19 讲 言字旁

一、学习目标

1. 引导学生观察言字旁字形笔画，熟练掌握言字旁要写窄的应用特点。

2. 掌握言字旁的书写方法及笔画之间的对应关系。

3. 感受书写美，激发学生的书写兴趣，培养学生良好的书写习惯。

二、学习重点、难点

重点：横笔上扬，点对着横折提的折角处。

难点：点与横折提的距离，竖画和提画部分要控制长度，不能写太长。

三、实操建议

1. 引导学生观察言字旁的书写特点。

2. 讲解言字旁的书写方法：点高悬，对左上中点，横短上扬，折对第一点尾，竖画写短，提出尖。

示范字指导：

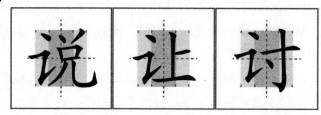

说：点对左上中点，横短上扬，起笔横中线，折对第一点尾，竖画写短，提稍短，兑的左点与言字旁左点同高，右撇写短，起笔最高，口写扁，与点撇同宽，上紧下松，撇稍立，撇尾对提尾，竖弯钩竖短横长，钩向上，底部平稳。

让：点写小，对左上中点，横短上扬，起笔横中线，折对第一点尾，竖画写短，提稍长，竖画起笔高于左点，竖中起短横，下横写长，起笔略高于提。

讨：点高悬，对左上中点，横短上扬，起笔横中线，折对第一点尾，竖画写短，提稍短，左横压右横，横中偏右写竖钩，竖垂直写长，起笔最高，钩最低，点居左上。

提醒学生注意观察不同结构的字起笔的位置不同，要求学生注意在书写时做到下笔位置准确。

拓展练习

书写提示：左右结构，左窄右宽。

四、课堂总结

总结言字旁以及言字旁字的书写方法与技巧，针对学生在书写中出现的问题，提醒学生注意事项。言字旁点画靠右，横折提横向上倾斜，提画突出，依据右部大小判定书写长度，"说"字提画与撇画互相避让，竖弯钩超出上方笔画立即出钩；"让""讨"二字竖画写垂直与左竖平行，其中"讨"字提尾对中心点画，不宜过宽，左右紧凑。

第 20 讲 金字旁

一、学习目标

1. 引导学生观察金字旁字形笔画，熟练掌握金字旁三横等距右侧齐平的应用特点。

2. 掌握金字旁的书写方法及笔画之间的对应关系。

3. 感受书写美，激发学生的书写兴趣，培养学生良好的书写习惯。

二、学习重点、难点

重点：撇画中间偏上写短横，三横等距。

难点：竖提的竖画长度要控制好，不能写长。

三、实操建议

1. 引导学生思考金字旁的书写特点。

2. 讲解金字旁的书写方法：撇画起笔对左中点，撇中偏上写短横，三横平行等距略上扬，横中起竖，提不越横。

示范字指导：

钢：左窄右宽，撇画起笔对左中点，三横平行等距略上扬，提不越横，竖画垂直写在竖中线，起笔对横尾，左右有横，横对横，钩最低，撇点交叉写在中间偏上位置。

铁：左窄右宽，撇画起笔对左中点，三横平行等距略上扬，提不越横，写右看左，横尾起短撇，两横平行上短下长，撇画起笔最高，对右中点，撇捺伸展，捺画找位右下点，底部平稳。

钱：左窄右宽，撇画起笔对左中点，三横平行等距略上扬，提不越横，右侧两短横上扬角度变大，斜钩起笔最高，钩至右界点，低于左提，横尾写短撇，最后一点写小。

提醒学生注意观察不同结构的字起笔的位置不同，要求学生注意在书写时做到下笔位置准确。

拓展练习

书写提示：左右结构，左窄右宽；左偏旁右平切。

四、课堂总结

总结金字旁以及金字旁字的书写方法与技巧，针对学生在书写中出现的问题，提醒学生注意事项。金字旁居字左侧，较为瘦长，提画要稍立，右部宽大。"钢"字右部外框方正，撇点居中间靠上；"铁"字左小右大，右部竖撇与捺画伸展，两短横靠上，且向右上倾斜；"钱"字左窄右宽，右部突出主笔为斜钩，斜钩长，钩部加重，弧度略大。

第21讲 又字旁

一、学习目标

1. 引导学生观察又字旁字形笔画，熟练掌握又字旁右侧齐平的应用特点。

2. 掌握又字旁的书写方法及笔画之间的对应关系。

3. 感受书写美，激发学生的书写兴趣，培养学生良好的书写习惯。

二、学习重点、难点

重点：横撇起笔对左点，右侧齐平。

难点：横撇的夹角与点的长度。

三、实操建议

1. 引导学生思考"又"字和又字旁各自的特点，并进行比较。

2. 讲解又字旁的书写方法：又变窄，短横起笔对左点，折对左中点，撇伸展，捺变点。

示范字指导：

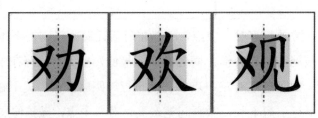

劝：左窄右宽，短横起笔对左点，点写长，右侧齐平，左横压右横，横短折内收，钩最低，撇画写长，撇折平行。

欢：左窄右宽，短横起笔对左点，点写长，右侧齐平，短撇起笔最高，横钩在撇画中间靠下起笔，撇画起笔偏左，撇弯捺直，撇捺伸展，底部平稳。

观：左窄右宽，短横起笔对左点，折对左中点，点写长，右侧齐平，竖画起笔对横尾，两竖垂直，撇画伸展，竖弯钩竖短横长，横笔部分要写平，钩至右界点，向上提出。

提醒学生注意观察不同结构的字起笔的位置不同，要求学生注意在书写时做到下笔位置准确。

拓展练习

书写提示：左右结构，左窄右宽；又字在左做偏旁时，捺变点。

四、课堂总结

总结又字旁以及又字旁字的书写方法与技巧，针对学生在书写中出现的问题，提醒学生注意事项。又字旁横撇书写时横画向右上倾斜，撇画不宜过长，点画较重，在本课示范字中均居整字左侧，书写不宜过大，且都对在右侧部件的中间位置；示范字均有一笔撇画，且均是主笔，突出右部主笔。

第 22 讲 草字头

一、学习目标

1.引导学生观察草字头字形笔画，熟练掌握草字头两短竖上长下短的应用特点。

2.掌握草字头的书写方法及笔画之间的对应关系。

3.感受书写美，激发学生的书写兴趣，培养学生良好的书写习惯。

二、学习重点、难点

重点：首横居中，两竖略内收，两竖左低右高。

难点：首横做主笔，应加长书写，首横不做主笔，应收短；两竖上长下短。

三、实操建议

1.引导学生观察草字头，要求学生边看边思考草字头的外形以及特点。

2.讲解草字头的书写方法：横画写平，左竖低，右竖高，两竖对左右中点。

示范字指导：

草：上窄下宽，横画写平，对位左右点，两竖左低右高，对左右中点，日写扁，对上竖，多横平行等距，下横伸展写长，可伸展至左右界点，横中写竖，竖居中写直，收

笔过下点。

苑：上窄下宽，横画写平，对位左右点，两竖左低右高，对左右中点，撇头对左中点，横撇横画写短，撇画伸展，点画起笔靠近撇尾，横折钩起笔对左横，竖弯钩收笔可至右界点，底部平稳。

英：上窄下宽，横画写平，对位左右点，两竖左低右高，对左右中点，央的竖画对左中点，折对右中点，横画写长，横中写撇，撇尾找左下点，捺写直，收笔找右下点，撇捺相交底部持平。

提醒学生注意观察不同结构的字起笔的位置不同，要求学生注意在书写时做到下笔位置准确。

拓展练习

书写提示：上下结构，上收下展。

四、课堂总结

总结草字头以及草字头字的书写方法与技巧，针对学生在书写中出现的问题，提醒学生注意事项。草字头书写时，左竖略短，右撇斜，两竖向内收，横画左低右高，示范字"草"字和"苑"字书写时横画宜写长；"英"草字头横画长短以横折横画判定，略长于横画，短于长横。

第 23 讲 宝盖

一、学习目标

1. 引导学生观察宝盖的字形笔画，熟练掌握宝盖左右居中的应用特点。

2. 掌握宝盖的书写方法及笔画之间的对应关系。

3. 感受书写美，激发学生的书写兴趣，培养学生良好的书写习惯。

二、学习重点、难点

重点：点横留空隙，点对横中。

难点：横钩的长短根据下面部件的不同而定。

三、实操建议

1. 引导学生观察宝盖，要求学生边看边思考宝盖的外形以及特点。

2. 讲解宝盖的书写方法：点居中，第二笔点略向左倾，形似短竖，横钩在点画起笔下方起笔，横略上扬，出钩要短，角度 45 度左右。

示范字指导：

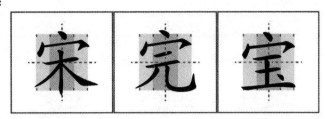

宋：上窄下宽，点居中，对上点，左点立，横钩稍短，横画短，找左右中点，横中写竖，竖对第一笔点，收笔最低，撇捺伸展底持平，找位对左右下点。

完：上窄下宽，点居中，对上点，左点立，横钩稍短，元的上横短，下横略长，两横平行上扬，撇画伸展，竖弯钩竖短横长，横笔对撇尾，超出上折，钩向上提出。

宝：上窄下宽，点居中，对上点，左点立，横钩写长，玉的前两横短，对位左右中点，横中写竖，竖写直，对上点，第三笔横画要写长，对位左右点，三横平行，第二横尾写点，点写小，对右中点。

提醒学生注意观察不同结构的字起笔的位置不同，要求学生注意在书写时做到下笔位置准确。

拓展练习

书写提示：上下结构，上下等宽，下方有主笔，宝盖写窄。

四、课堂总结

总结宝盖以及宝盖字的书写方法与技巧，针对学生在书写中出现的问题，提醒学生注意事项。宝盖书写时首点居中，横微上扬，钩部不宜写大。"宋""完"二字书写时宝盖不宜过宽；"宝"字书写时三横平行。

第24讲 走之

一、学习目标

1.引导学生观察走之的字形笔画，熟练掌握走之平捺伸展的应用特点。

2.掌握走之的书写方法及笔画之间的对应关系。

3.感受书写美，激发学生的书写兴趣，培养学生良好的书写习惯。

二、学习重点、难点

重点：平捺书写时超出上方最外侧笔画时出捺脚。

难点：横折折撇在走之中的书写方法，平捺的书写方法。

三、实操建议

1.引导观察走之字的书写特点，引申发现左下包右上结构的书写特点。

2.讲解走之的书写方法：点高悬，起笔对左上点，横短上扬，折对点尾，两个折画形如 S，捺画要写长，体现出一波三折。

示范字指导：

远：首笔短横起笔竖中线，两横平行上短下长，撇收短，钩对右点，走之点画起笔左上点，对右横，短横上扬，折对右横，平捺超出上钩，出捺脚，收笔对右界点。

送：首笔点在竖中线，点低撇高，两短横平行写紧凑，撇画收短，捺画变点，走之点画起笔对左上点，对第一笔点画，短横上扬，折对上点，平捺超出上横，出捺脚，收笔对右界点。

连：车写扁，首横短，撇对横中，起笔最高，对上四点，折尾对横尾，下横收短，横中写竖，竖对撇头，走之点画起笔左上点，对右横，短横上扬，折对右横，平捺超出上横，出捺脚，收笔对右界点。

提醒学生注意观察不同结构的字起笔的位置不同，要求学生注意在书写时做到下笔位置准确。

拓展练习

书写提示：左下包右上，被包部分重心偏左；走之平捺应超出上方笔画。

四、课堂总结

总结走之以及走之字的书写方法与技巧，针对学生在书写中出现的问题，提醒学生注意事项。走之书写时横折折撇略有倾斜角度，横折略大，折撇略小，下部平捺起笔对齐上横起笔，微向下行笔，勿写直，示范字中横画均要变短，平捺包住上方笔画。

第二编 讲授方法

第一章 书法教学目标

第一节 总体目标

教学目标是总纲，一切教学活动都是围绕一定目标进行的。对于书法教师来说，明确书法教学的总目标、学段目标和每节课的课时目标，既是做好书法教学工作的前提，又是书法教学的方向。

郭沫若先生曾经讲过："培养中小学生写好字，不一定要人人都成为书法家，总要把字写得合乎规格，比较端正、干净、容易认。这样养成习惯有好处，能够使人细心，容易集中意志，善于体贴人。草草了事，粗枝大叶，独行专断，是容易误事的。练习写字可以逐渐免除这些毛病。"义务教育阶段书法教育不是为了培养书法家，而是为了辅助学生学习语文和其他课程、形成终身学习的能力打下良好基础；是为了培养学生良好的书写习惯，具备熟练的书写技能，并在此基础上具有初步的书法欣赏能力；是为了提高学生的语文素养，培养学生热爱祖国文字的情感，使学生成为全面发展的人。

制定书法教育教学目标，必须了解教育部印发的有关文件精神，必须学习《中小学书法教育指导纲要》和《义务教育语文课程标准》中关于书法教育的内容。

《中小学书法教育指导纲要》强调，中小学书法教育以语文课程中识字和写字教学为基本内容，以提高汉字书写能力为基本目标，以书写实践为基本途径，适度融入书法审美和书法文化教育。

1.面向全体，让每一个学生写好汉字。识字、写字是学生系统接受文化教育的开端，是终身学习的基础。中小学书法教育要让每一个学生达到规范书写汉字的基本要求。

2.硬笔与毛笔兼修，实用与审美相辅。中小学书法教育包括硬笔书写和毛笔书写教学。书法教育既要重视培养学生汉字书写的实用能力，还要渗透美感教育，发展学生的审美能力。

3.遵循书写规范，关注个性体验。中小学书法教育既要让学生掌握汉字书写的基本规范和基本要求，还要关注学生在书法练习和书法欣赏中的体验、感悟和个性化表现。

4.加强技能训练，提高文化素养。中小学书法教育要注重基本书写技能的培养，不断提高书写水平。同时在教学活动中适当进行书法文化教育，使学生对汉字和书法的丰富内涵及文化价值有所了解，提高自身的文化素养。

《中小学书法教育指导纲要》规定书法教育的总体目标和内容是：

1.学习和掌握硬笔、毛笔书写汉字的基本技法，提高书写能力，养成良好的书写习惯。

2.感受汉字和书法的魅力，陶冶性情，提高审美能力和文化品位。

3.激发热爱汉字、学习书法的热情，珍视中华优秀传统文化，增强文化自信与爱国情感。

《义务教育语文课程标准（2022年版）》明确，语文课程围绕核心素养，体现课程性质，反映课程理念，确立课程目标。核心素养是学生通过课程学习逐步形成的正确价值观、必备品格和关键能力，是课程育人价值的集中体现。义务教育语文课程培养的核心素养，是学生在积极的语文实践活动中积累、建构并在真实的语言运用情景中表现出来的，是文化自信和语言运用、思维能力、审美创造的综合体现。

《义务教育语文课程标准（2022年版）》中总目标包括：（1）在语文学习过程中，培养爱国主义、集体主义、社会主义思想道德，逐步形成正确的世界观、人生观、价值观。（2）热爱国家通用语言文字，感受语言文字及作品的独特价值，认识中华文化的丰厚博大，汲取智慧，弘扬社会主义先进文化、革命文化、中华优秀传统文化，建立文化自信。（3）关心社会文化生活，积极参与和组织校园、社区等文化活动，发展交流、合作、探究等实践能力，增强社会责任意识。感受多样文化，吸收人类优秀文化的精华。（4）认识和书写常用汉字，主动积累、梳理基本的语言材料和语言经验，逐步形成良好的语感，初步领悟语言文字运用的规律。（5）积极观察、感知生活，发展联想和想象，激发创造潜能，丰富语言经验，培养语言直觉，提高语言表现力和创造力，提高形象思维能力。（6）感受语言文字的美，感悟作品的思想内涵和艺术价值，能结合自己的经验，理解、欣赏和初步评价语言文字作品，丰富自己的情感体验和精神世界。

第二节 第一学段教学目标

根据《中小学书法教育指导纲要》《义务教育语文课程标准（2022年版）》，一年级至二年级的书法教育为硬笔课程。硬笔学习的目标：

1.掌握执笔要领，书写姿势正确，不急不躁，专心致志。学习正确的运笔方法，逐步体会起笔、行笔、收笔的运笔感觉，逐步感受硬笔书写中的力度、速度变化，体会铅笔书写的特点。

2.用铅笔写正楷字，掌握汉字的基本笔画并做到正确占格；引导学生通过观察、练习，理解、运用习字格书写规范的正楷字；把握字的笔画和间架结构，按照笔顺规则用硬笔书写。书写力求规范、端正、整洁，初步感受汉字的形体美。

3.帮助学生养成良好的写字习惯，养成"提笔就是练字时"的习惯。引导学生喜欢学习汉字，培养学生主动识字、写字的愿望。懂得爱惜文具。

第二章 完整的教学流程

第一节 书法课堂教学过程

一次完整的书法课教学，一般有"课程导入—讲授示范—临摹练习—批改评价—课堂总结"等教学环节。有时用 1 课时就可以完成这一过程，有时则需要多课时交融进行。

一、课程导入

在课堂教学中要培养、激发学生的兴趣，首先应抓住课程导入这一环节，在一开始就把学生牢牢地吸引住。课程导入是课堂教学的一个重要环节，能激起学生的探究热情与学习欲望，创设愉悦的学习情境，架起新旧知识的联系桥梁。课程导入是直接为教学新知做准备的，是一堂课成功的起点和关键。教师能否先声夺人，快捷有效地将学生带入预设的学习情境中，直接影响这一节课的成败。

二、讲授示范

讲授示范是书法教学的重要环节之一，不仅写字姿势、运笔方法要讲授示范，字的笔顺、结体、章法更需要讲解，示范书写。在习字的过程中，要让学生看清笔画的起笔、行笔、收笔以及运笔时的提、按、快、慢。对相似的笔画和字形，要在讲授示范中进行比较，指出可能出现的不正确写法，使学生在练习时更加清楚明了。不仅讲解与示范要结合起来进行，还要与指导相结合，边讲授边示范边指导，形象直观，效果更好。

教师在讲授时要注意引导学生进行观察。一个汉字的笔画书写有长短、轻重、主次、快慢之分；不同结构的部件之间有宽窄、大小、高低之分等。为了使学生练字掌握规律，每节课不仅要引导学生观察示范字的字形、笔顺，观察每个笔画的位置，还要重点指导学生观察关键的笔画，观察落在横中线、竖中线上的笔画等。写正确字靠"形"，写好字靠"型"，准确把握了示范字的笔画、部件、结构特点和组合方式，领悟了其中的书写规律，做到了"意在笔先，笔居心后"，就接近写一手漂亮的字了。

三、临摹练习

一切的创新都始于模仿。练习写字，也是要先描临后创作。学生观察示范字后，在把握特点、领悟规律的基础上，教师即可引导学生根据示范字的笔顺规则（字的笔画、笔顺）描摹习字格中的示范字。描要仔细、认真，力争做到笔笔到位、手写心记。通过两遍（通常描两遍）的描摹，学生基本记熟了字在习字格中的位置，对示范字的特点及书写规律有了深入体会。

学生习字前，可以先看黑板上的示范字或字帖中的示范字进行书空练习作为过渡。学生习字开始后，教师要巡视指导，有意识地关注不同层次的学生，对书写中普遍存在的问题，应及时在全班给予纠正；对书写困难的学生，则应个别辅导，甚至手把手教写。

四、批改评价

习字批改是书法教学的一个重要组成部分，它是教师检查书法教学效果的重要手段，使教学具有较强的针对性和指导意义。批改要及时，要注意直观性、示范性，不要笼统地给个符号或简单地批个"阅"字，要用红笔进行圈注，把学生写得好的字圈出，以鼓励学生认真习字。学生写错了的字或不认真写的字，要用红笔标出，让其订正或重写。教师可以适时写上指导性的批语，肯定优点，指出缺点，让学生及时了解自己的练习结果。同时，可采取学生自评、互评或师生共评的方式，帮助学生体会自己和别人作业中的优缺点，培养学生的审美和评判能力。

自评时，要求学生对照示范字，找出不足，同时学会用欣赏的目光审视自己的字，从中找出自认为美的字（哪怕是一个笔画、一个偏旁），告诉自己"我真棒"并与同伴交流，共享亲手创造的美好，体验成功的喜悦，增强写好字的信心。

互评时，教师要提供评价的标准及评价原则。如书写是否正确，结构是否合理，主笔是否突出，运笔是否到位，页面是否整洁，要善于发现别人的长处等。当学生有了评价的标准后，评价就能有的放矢，同时，互评可有效地帮助学生深入体会书写技巧。

教师总评时，辅以比较的方式，找优缺点。通过横向比、纵向比，评出进步作业、优秀作业，相互传阅，做好展示，让大家找差距、学优点。教师应该及时表扬激励，评语要恰当准确，对学生写得不足的地方要委婉指出，帮助其改进，发现"闪光点"。

教师要对学生的习字进行分析、评改，这是提高学生书写水平的重要一环。讲评要抓住教学重点，着重指出书写的问题，通过讲评肯定进步，纠正偏向，以引起全体学生的注意，起到巩固和提高的作用。

五、课堂总结

课堂总结是完成课堂教学任务的终了阶段，是教师富有艺术性地对所授知识和技能进行归纳和转化升华的过程。书法教学要提高效能必须进行课堂总结，要对本节课的知识结构进行整理和归纳，按知识点之间的内在联系归纳出学习知识的线路，具体的知识点要尽可能留出空白由学生来填。与其他章节知识联系紧密的，在归纳出本节知识结构的基础上要体现与其他章节知识的联系，同时还要引导学生对学习方法进行归纳，最终达到对知识的融会贯通。

第二节 课程导入示例

一、什么是导入

导入，顾名思义指"引导"和"进入"。在课程导入中，"引导"是教师的行为，"进入"则是学生的行为。导入是教师在一项新的教学内容或教学活动开始前，引导学生做好心理准备和认知准备，并让学生明确学习目标、学习内容以及学习方式的一种教学行为。一堂课导入的成与败直接影响着整堂课的效果。所以教师上课伊始就应当注意通过导入语来激发学生的思维，以引起学生对新知识、新内容的热烈探求欲。

二、导入的意义

理想的导入是教师经验、学识、智慧和创造的结晶。它好比一把钥匙，开启学生的心扉，营造愉悦的学习氛围，诱发学生的求知欲望和学习兴趣，达到"课未始，兴已浓"的愤悱状态，所以导入无论是对教师的"教"还是对学生的"学"，皆意义重大。

（一）引出课题，揭示教学意图

无论教师选择何种导入方法，都是为了引出本节课题，揭示教学意图。同时，导入可以帮助学生从上课伊始就大致了解本节课的学习目标，明确学习的方向。

（二）铺设桥梁，衔接新旧知识

导入是课与课之间的"桥梁"和"纽带"，具有承上启下的作用，既是先前教学的自然延伸，也是本节课教学的开始。巧妙地导入，使新旧知识之间建立一种非人为的、实质性的联系，为深入学习新的知识打下基础。

（三）引起注意，迅速集中思维

注意是人的心理活动对一定对象的指向和集中，是进行任何学习活动的前提条件。

俄国教育家乌申斯基说过："注意是我们心灵的唯一门户，意识中的一切，必然都要经过它才能进来。"导入时，教师必须首先对学生的注意进行唤起和调控，调动学生的认知注意和情绪注意，如果课程导入环节设计不好，学生的注意力不集中，对教师给予的各种刺激就会视而不见、听而不闻，影响新知识的学习。而富于创意的导入，具有先声夺人、引人入胜的效果，学生上课伊始就把注意力转移到新课的学习上来，为完成新的学习任务做好心理准备。

（四）激发兴趣，产生学习动机

兴趣是入门的钥匙，是知识的"生长点"。学生学习有兴趣，就能全神贯注，积极思考。贴切精练的语言，正确、巧妙地导入新课，可以激发起学生强烈的求知欲望，引起学生浓厚的兴趣，激发学生热烈的情绪，使他们愉快而主动学习并产生一种坚忍的毅力，收到事半功倍的效果。所以，善导的教师，在教学之始，就千方百计地诱发学生的求知欲，使学生有一种力求认识世界、渴望获得知识、不断追求真理的意向。

学习动机是推动学生学习的内部动力，是激励和指引学生进行学习的一种需要的心理状态，也就是学生要学习的愿望、意愿。早在春秋时期，孔子在《论语·述而》中就说："不愤不启，不悱不发。"教师在学生进入"愤"的状态时"启"，在学生进入"悱"的状态时"发"。导入时，教师的最主要的工作之一就是引导学生进入"愤悱"的状态。学生一旦进入了这种状态，就能产生强烈的学习动机，主动、自觉地投入学习中去，变被动的"要我学"为主动的"我要学"。

三、导入的方法

在书法教学中，我们总结出了以下 15 种导入方法及案例，希望对您的教学导入有所帮助。

（一）故事导入法

故事导入法是通过讲故事的方法导入新知识。生动的故事可以吸引学生的注意力，激发学习的兴趣，从故事中找到练字、写字的榜样和动力。

示例 十字八点法的导入

颜真卿三岁的时候，父亲病死了，母亲带他回到了外祖父家。颜真卿的外祖父是位书画家，母亲也是个知书达理的人。他们见颜真卿很聪明，就教他读书写字。颜真卿练起字来很专心，一笔一画从不马虎，一写就是大半天。母亲见儿子练字这样用心，心里又喜又愁：喜的是儿子将来一定会有出息，愁的是家境不宽裕，哪有余钱买纸供他练字呢？颜真卿很懂事，见母亲为没钱买纸的事犯愁，就悄悄地自己开始琢磨。一天，颜真卿高兴地对母亲说："我有不花钱的纸笔了，您别发愁了！""傻孩子，纸笔哪有不花钱的呢？""您瞧，这不是吗？"颜真卿手里举着一只碗和一把刷子，欢快地说："这只碗是砚，这把刷子当笔，碗里的黄泥浆就是墨！""那……纸在哪儿呢？"母亲又问。颜真卿用手指了指墙壁，认真地说："这就是纸！不信，我写给您看！"说完，他拿起刷子，在碗里蘸满了泥浆，走到墙壁前挥"笔"写了起来。等到墙上写满了字，他又用清水把字迹冲洗掉。然后又重新写起来。看到儿子有了不花钱练字的好法子，母亲高兴地笑了。由于颜真卿刻苦好学，长大以后，他不但练就了一手好字，而且也成了一个博学多才的青年。

颜真卿聪明好学，找到了练字的好法子，我们也需要有练字的好法子，今天我们就一起来认识一种借助习字格写好楷体字的好法子——十字八点法。

（二）珍闻导入法（也叫引趣导入法）

珍闻导入法是通过介绍人世间罕见的珍闻吸引学生的兴趣和注意力。这种导入方法跟故事导入有一定的相似性，区别就在于通过新奇事物吸引学生。

示例 横钩的写法的导入

一字毁千军

1935 年 5 月初，蒋介石与冯玉祥、阎锡山在中原展开大战。冯玉祥和阎锡山为了更好地联合讨蒋，曾商定双方部队在河南北部的沁阳会师，以集中兵力歼灭驻守在河南的蒋军。但是不幸的是，在拟定作战命令时，冯玉祥的一名作战参谋把"沁（qìn）阳"的"沁"多写了一笔，成了"泌（mì）阳"。碰巧河南南部就有个泌阳，不过这个地方与沁阳有千里之遥。冯玉祥的部队接到命令，匆匆赶往泌阳，结果贻误战机，错过了聚歼蒋军的有利时机，使蒋军获得了主动权。在近半年的中原大战中，冯、阎联军处处被动挨打。一字之差，最终导致冯、阎联军在中原战场的全面失败。

同学们注意本节"横钩的写法"，也一定要和前面"横折的写法"区分开。写出规范、漂亮的笔画。

当然，珍闻导入不仅仅限于形近字或相似偏旁部首的学习导入，教师还可以结合自身知识储备，挖掘奇闻逸事来激发学生学习书法的兴趣、调动他们学习的积极性，导入新知识。

（三）游戏导入法

游戏导入法是上课伊始，先组织学生做游戏，在游戏中逐步导入新知。书法课堂可以多用一些游戏导入的方式，比如组字游戏、拆字游戏、猜字游戏、击鼓传花游戏、捉迷藏游戏等，教师可根据具体课程内容灵活设置游戏。这里我们列举击鼓传花游戏和捉迷藏游戏，希望能对您的教学提供帮助。

示例一 击鼓传花游戏——"横"的写法导入

教师借助一支粉笔（一朵红花或一块橡皮也可），从某位同学开始，按照一定顺序传递，教师背对学生，随时喊"停"，粉笔（红花或橡皮）落在谁手里，就请谁说出一个包含"横"画的字（因低年级学生的汉字储备有限，此游戏可允许选中学生有一次求助机会）。等学生说出四个至五个包含"横"画的字之后，请同学们观察这几个字中"横"画的不同写法，然后引出本节主题"横"的写法。

击鼓传花游戏在任意一课都可以使用，请大家灵活选择。

示例二 捉迷藏游戏——"反文旁"的导入

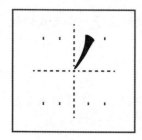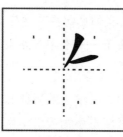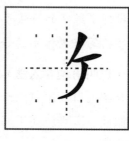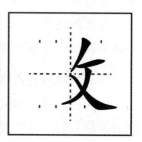

教师逐步出示如上图所示的"短撇""横""撇""捺"。每一笔写完均请学生猜一猜是哪一个偏旁部首，最终确定"反文旁"，引出本节主题。另外，"捉迷藏游戏"还可以用在示范字的练习书写中，增强课堂练习的趣味性。

（四）图画导入法

图画导入法就是用一张或几张精美的图画或随手勾画的几笔，给学生带来一种异彩纷呈的感觉，让僵化的事物在学生的心中"活"起来，从而迅速进入书法课堂。

示例 "横斜钩"的写法导入

图一   图二   图三

上课伊始，出示图一，请同学们先观察这幅图，结合小鸟的动作说出自己想到的一个字，很快会有同学说出来"飞"，再出示图二确定大家说的是正确的，然后出示图三楷体"飞"的写法，引出本节课主题"横斜钩"的写法。

（五）歌谣导入法

歌谣，特别是童谣，是小学生喜闻乐唱的一种艺术形式。在课堂教学中有目的地引入一些童谣，并加以诱导，可提高学生的想象力和思维能力。

示例 "门字框"的导入

门字就像一扇门，

门里有耳听新闻，

门里站人亮闪闪，

门里张口讲学问，

门里挂日午间到，

门里有才门闭紧，

门里奔马想闯关，

门里种木是闲人。

（六）歌曲导入法

以歌曲来导入新课，可使学生心情愉快地投入学习，有利于发展人的智力、活跃课堂氛围。

示例 "捺"的应用导入

播放或请学生试唱歌曲《生僻字》开头部分：

我们中国的汉字

落笔成画

留下五千年的历史

让世界都认识

我们中国的汉字

一撇一捺都是故事

通过"一撇一捺都是故事"导入本节主题"捺"的应用。

歌曲导入法既可以活跃课堂氛围，融洽师生关系，又可以释放学生心灵，在轻松愉悦的氛围中感悟新知，获得学习的乐趣。

（七）直接导入法

直接导入法就是教师开门见山地点出课题，并由课题生发出去。优点是主题突出、论点鲜明。教师简洁、明快地讲述或设问是直接导入成功的关键。直接导入适合于一个比较完整的学习内容的开始，且师生比较熟悉，学生学习自觉性较强时适用。

示例 "左右相同"的导入

很多汉字的书写都是由两个相同的部件组成的，今天我们就来学习左右结构的汉字中的左右两部分相同的书写技巧。

本导入方法在运用时要注意：不应一开始就直接导入新课的内容，应对本节课教学内容和教学要求进行简短概要的说明，以引导学生将注意力集中到新课教学中。

（八）间接导入法

间接导入法就是由相关的问题或者事件导入新知识的学习。间接导入不仅可以吸引学生的注意力，更可以引起学生对所授新知的深入思考。

示例 "竖折的写法"导入——二四手指操

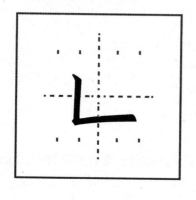
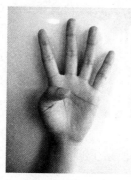

图一   图二

学生左手做出图一手势，右手做出图二手势，两手同时出示；然后交换，同时右手出示图一手势，左手出示图二手势，逐步加快交换频率，学生手忙脚乱易出错。以此启发学生看似简单的动作，要想配合默契，也需要多加练习。"竖折"的写法也是如此，我们学习过"横""竖"的写法，但是如何写好"竖折"依然需要用心练习。

竖折是在学生学过"横""竖"的基础上进行的学习，会存在不认真书写的现象。以此导入，提醒学生认真书写。

（九）迂回导入法

迂回导入法就是先解决一些容易解决的问题，然后再触及教学的重点和难点。书法教学中运用迂回导入法可帮助学生逐步接触问题重点，循序渐进理解所学内容。

示例 "左窄右宽"的导入

通过看一看、写一写、找一找，说一说三个字的共同之处：看，字的间架结构；写，自己动手书写这三个字；找，找一找这三个字中的共同之处；说，同桌、前后桌之间说一说，在讨论中找到相同之处——点画，引出左右结构书写规律——左右结构中，左边

笔画少或者右侧有伸展笔画，应左窄右宽。

（十）悬念导入法

悬念，即暂时悬而未决的问题，能够引起学生对课堂教学的兴趣，使学生产生刨根问底的急切心情，在探究的心理状态下接收教师发出的信息。教师结合所教内容的性质，根据教学目标，把所要讲授的问题化为悬念，把学生的注意力引导到教学目标上来。

示例一 "横折折撇/横折折折钩"的写法导入

向学生出示山路曲曲折折的图片和河流曲曲折折的图片，告诉学生，山路曲曲折折，河流曲曲折折，中国汉字笔画中也有曲曲折折，它们就是横折折撇/横折折折钩。哪些字包含横折折撇/横折折折钩，怎样才能把这两种笔画写好呢？就在咱们今天要学习的基本笔画中。

示例二 "点竖对正"的导入

请学生自己书写点画，然后依次书写"市""永""帝"三个字，并提问：点画写在什么位置最合适？点画和竖画之间的位置存在什么关系？引起学生思考后，引入本节主题：点竖对正。

悬念导入法是常用的导入方法之一，请各位教师灵活运用。

（十一）目的导入法

目的导入法就是上课前先把本节要完成的教学目标说清楚，以得到学生的配合。这种导入方式适用范围较广，在基本笔画、偏旁部首、间架结构的教学中都适用。

示例一 "弯钩"的写法导入

本节的主要学习目标是：会写弯钩，重点掌握弯钩的书写技巧，同学们注意起笔、行笔、出尖的位置，并且能够较熟练地书写出示范字。希望今天我们每个人都能写出漂亮的弯钩。

示例二 "心字底"的导入

本节的主要学习目标是：掌握心字底的书写技巧，能结合示范字掌握心字底的书写位置，体会示范字的间架结构，加深对心字底的书写理解。希望今天每个人都能写出漂亮的心字底。

示例三 "撇捺伸展"的导入

本节的主要学习目标是：掌握撇捺相交时，撇捺收笔高低的书写技巧，通过示范字的书写，同学们逐步加深对这一技巧的理解。希望每个人都能掌握好这一书写技巧。

（十二）作用导入法

作用导入法就是讲课前先把本课所要讲的知识的作用介绍给学生，以激起学生的学习欲望。

示例一 "竖"的应用导入

每个汉字都是由基本笔画组成的，熟练掌握基本笔画书写技巧，可以为我们以后写出漂亮的汉字奠定良好的基础。我们马上要学习的"竖"的写法在汉字基本笔画使用频率中排在第二位，在汉字中起到支撑作用，掌握了竖的书写技巧，对将来大家写好汉字会有非常大的帮助。比如"基本笔画"四个字中就有7画用到长竖和短竖。可见"竖"在汉字中的重要性，所以请大家认真学习我们这节课的内容。

示例二 "口字旁"的导入

字典里，"口"字旁和"言"字旁的字加起来，构成了中国汉字部首类里最庞大的家族。而且曾有研究总结出了最常用的520个汉字，这520个汉字，大约由100个偏旁部首组成，其中使用频率最高的就是"口"，另外在《中国常用字部件构字数表》中出现次数最多的部件也是"口"，由此可见"口"在汉字中的重要程度。本节课我们就一起来学习由"口"做偏旁时的书写技巧。

（十三）课题导入法

课题导入法就是直接分析题目的含义，以课题进行新知识的引入，激发学生的原动力，进而传授知识的方法。课题导入有利于帮助学生尽快抓住重点，进行学习。

示例一 "草字头"的导入

今天我们一起来学习"草字头"，字典中查找该部首，可以找到数百个字，而且这些字大多跟植物有关。本节课我们就来学习"草字头"和它的示范字。

示例二 "左小右大"的导入

很多汉字都是左右结构的，今天我们就来学习左右结构中的第二种：左小右大，左偏上。比如"吸""峰""攻"，三个字中的左边部分的"口"部、"山"部、"工"部都是小而偏上的。它们具体的组合技巧就在我们本节课的学习中。

（十四）切入导入法

切入导入法就是抓住所要学习内容的某一重点或难点，单刀直入，直插课程精彩部分。切入导入法能够迅速有效地帮助学生抓住重点。

示例 "斜撇的应用"的导入

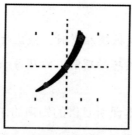

出示上图，撇在汉字笔画使用频率中排在第三位，很多字中都有撇画，这一画的书写重点在于掌握撇画的长度，在示范字中能够掌握撇画的书写角度。请同学们在本节课的学习中

格外注意。

（十五）衔接导入法

从教学知识整体结构出发，根据同一类型知识的顺序，承上启下，承前启后导入新课，帮助学生明白知识之间的前后联系。

示例 "门字框"的导入

在基本笔画中学习了点画、竖画和横折钩画的书写，"门字框"既是这三种笔画的组合，又是以后学习"框型结构"的基础，起到了承上启下的作用。本节课我们就一起来学习门字框。

其他偏旁部首，如木字旁、竖心旁、草字头、提手旁等也可以用这种导入法，另外还可以用在组合规律教学中同类技巧的导入。

第三节 课堂总结示例

一、什么是课堂总结

课堂总结是指在课堂结束之前，利用两三分钟的时间，教师富有艺术性地对所学知识和技能进行归纳总结，并予以升华和延展的教学行为方式。课堂总结是一节课中必不可少的教学环节，良好的课堂总结可以激发学生的思维，带来画龙点睛的效果，应该引起教师的足够重视，让学生感到"课已尽，意无穷"。

二、书法课堂总结的要求

（一）科学准确

书法课堂总结，最起码的要求是保证科学性、思想性，同整堂课的前几个环节一样，向学生传授的书法知识技能是准确的、科学的。

（二）目的明确

书法课堂总结，要结合教学目标和学生的实际状况，具有明确的目的性，或从重点、难点进行强调，或从思想教育方面进行升华。

（三）言简意赅

课堂总结，要做到重点突出，干净利索、语言精练地收尾，起到画龙点睛的作用。课堂总结的最重要作用在于提纲挈领地归纳总结出本节所学，提示学生抓住重点，切忌拖泥带水。

（四）富有启发

课堂总结，要给学生以启发，最好教师启发学生总结出一节课所学，以激起学生探索的积极性，做到点而不透。如果把一节课比作凤头、猪肚、豹尾，那么总结就应像豹尾一样强劲有力。

（五）有教育性

课堂总结，要尽量变得富有思想性和感染性，尤其是我们书法教学既是在帮助学生提高书写技能，又是在传承中华传统文化。在课堂总结中，结合实际情况，使学生在准确掌握知识的同时，受到思想和情感上的陶冶。

三、课堂总结的常见形式

教学有法，教无定法。在遵循一定要求的前提下课堂总结没有固定的形式，教师可根据课型和课堂上学生的实际情况来设计不同的总结。以下是比较常见的 10 种课堂总结方式，仅供参考。

（一）归纳总结式（提纲挈领式）

归纳总结式是指教师在总结一节课时，运用准确、简练的语言，提纲挈领地使新知识在学生大脑中经过信息编码而定格。根据教学内容，结合班级学生的特点，在课堂总结时可以提出针对本节课的问题，激发学生的探索意识，将所学内容进行归纳、整理，使之系统化。

示例 "竖钩的写法"的课堂总结

问题一 同学们，今天我们学习的基本笔画是什么？（学生回答出"竖钩"的写法。）

问题二 怎样写好这一基本笔画？（引导学生说出竖钩笔画的起笔、行笔、收笔技巧：稳起笔，慢写竖，直下行至末端停，蓄力出尖左上行。）

问题三 怎样才能写好这一笔画？（引导学生说出多练习）

通过提问归纳总结，锻炼学生运用准确、简练的语言将所学内容进行概括，同时直接帮助学生整理思路，加深对所学内容的理解。归纳总结式的总结是最常用的课堂总结方式，在规范书写教学的课程中都可以广泛应用，请大家灵活选择。

（二）启迪思维式

成功的教学所需要的不是强制，而是激发学生兴趣。兴趣是学生主动学习、积极思维、探索知识的内在动力。通过引起学生兴趣来启迪学生思维，也是课堂总结的一种重要方式，概括起来可以分为以下两种启迪思维，引起兴趣的方法：

1.伏笔式

伏笔式，即学习完本节内容后，有意留下一个"尾巴"，提出一些有一定难度的问题，而这些问题又是下一节课要探究的，让学生带着疑问结束一节课的学习，达到意犹未尽的效果，从而激起学生主动探索的兴趣。

示例 "撇捺伸展"的课堂总结

师生共同总结，本节所学：撇捺伸展——撇捺做主笔时，要伸展写长。在上，撇低捺高；在下，撇高捺低。师生共同按照此规律依次边说边书空本节课的示范字，再次强调：在上，撇低捺高；在下，撇高捺低。然后抛出问题：竖撇收笔时，竖和撇又该怎样书写呢？请学生课下思考，下一节课我们再仔细探究。

这样的总结既总结概括了本节所学的重点和难点，又为下一节课的教学埋下伏笔，促使学生发现新旧知识之间的联系，主动建立知识结构。

伏笔式课堂总结应用很广，尤其适合前后两节课内容联系较紧密的课之间，请大家灵活运用。

2.延伸式

由于课堂教学的时间有限，要想让学生在课堂学习中掌握更多的与课堂教学内容相关的知识，可以在课堂总结环节，鼓励学生课后继续探寻与本节相关的内容，将课内学习延伸到课外。比如可以采取鼓励学生自己动手搜集相关资料、推荐学生阅读相关书籍、与家长一起探索等方式激发学生课外探索的兴趣。

示例 "三点水"的课堂总结

师生共同总结"三点水"的书写技巧，即首点找位左中点，二点左延位上移，提尾对点尾。师生一起说出示范字书写的技巧。

教师布置任务：①找一找学过的带"三点水"的字。
②与家长一起，试着说一说这些字的书写技巧。

延伸式的课堂总结，实现课内和课外学习的有机结合，既可以帮助学生巩固所学知识，又可以拓展学生的知识面。教师可以在学生学习任务不重的时候，多使用这种总结方式来拓展学生的书法知识。

（三）分析比较式

分析比较式就是教师将本节课所学内容与之前类似的内容进行比较总结，找出它们之间的相同点和不同点，帮助学生将本节所学内容与相关内容区分开来，同时加深对本节所学内容的理解。

示例 "横折钩（二）的写法"的课堂总结

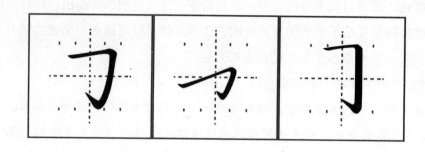

教师可根据教学实际，在课堂总结时用分析比较式课堂总结，引导学生结合示范字，比较体会"内收横折钩"的写法，注意起笔向右行，速写横，折停后，竖内敛至末端，收笔尖角向左上提；"尖角横折钩"的写法要注意左下起笔，右上行，尖角内折左下行，行至中点弹出钩；"横平竖直横折钩"的写法关键在于速写横，停笔转折，竖直向下至末端，向左上起笔方向迅速出钩。在比较中，让学生不至于混淆三种写法，达到教学目标，提升教学效果。

（四）图表式

图表式总结就是通过图示和表格的形式，引导、归纳、总结出当堂所学的知识，或揭示同以前所学知识的联系和区别。

示例 "撇捺对应"的课堂总结

本节课作如下总结，帮助学生明确撇捺组合不同位置的书写技巧：

撇捺组合	相同点	不同点
撇捺在上	交点 居中	撇直，捺略弯，撇低捺高
撇捺在中		撇捺分开角度变大
撇捺在下		撇弯，捺直，撇高捺低

通过表格对比，清晰、明确，一目了然，在学习组合规律，或者相似的基本笔画时，可以多运用这种总结方式，帮助学生明确联系，加深理解。

（五）交流评价式（互动式）

书法课堂应该给学生足够的时间和空间去思考和练习，让学生有机会畅谈自己的书法学习体验和收获，有机会表达自己的困惑、喜悦和心得。这种课堂总结方式是开放的，不仅关注学生的书法学习结果，而且关注学生学习书法的体验和感受，关注学生的情感、态度和价值观。

示例 任意一节课的课堂总结

师：这节书法课带给你什么样的感受？

生：自由回答（教师做积极鼓励式评价）。

师：如果用满分 10 分表示你对本节课自己表现的满意度，你会打几分？为什么？

生：自由回答（教师根据学生的回答，积极地给予表扬肯定，打分较低的可以适当鼓励引导，必要的时候课下指导）。

这种课堂总结方式通过你说、我说、他说，发展学生思维，调动学生学习的积极性，激发学生学习的内驱力，同时可以有效地加深师生之间的沟通，活跃课堂氛围，给予了学生更多的参与课堂交流的机会，学生畅所欲言，有利于培养他们的书法兴趣，增进自身书法学习的情感体验，是学生尽情发挥才智、引领学生情感升华的好机会。

（六）活动激趣式

1.游戏活动总结

把游戏引入课堂，寓课堂总结于游戏中，使学生在轻松、愉快的活动中掌握新授知识。这种总结方式比较适合低中学段的学生。

示例 "绞丝旁"的课堂总结——词语侦探

游戏规则：教师依次读出下列词语，当词语中有含有绞丝旁的字时，学生迅速举起左手，没有绞丝旁的词语时，学生迅速举起右手。同桌相互监督。游戏结束，出错四个以上的同学上讲台板演一个"绞丝旁"的示范字。

河流 安逸 源源不断 眼花缭乱 纤细 约定 掩耳盗铃 蒲公英 纸上谈兵……

游戏式的课堂总结，不仅巩固今天所学的，而且让书法课变得生机盎然，增加学生的学习兴趣。教师可以根据班级实际情况灵活设计游戏总结，让学生在轻松愉悦的氛围中结束一节课的书法学习。

2.竞赛活动总结

比赛能鼓励人争先创优，每个人都有上进心和自我表现的需求，学生的这种愿望更加强烈，他们希望受到老师的表扬，同学的赞赏。在比赛中获胜，能很好地满足自己的表现欲望，所以在课堂总结时我们可以通过竞赛活动的方式，满足学生自我表现的同时，加深学生对本节所学内容的印象。比赛可以是个人赛也可以是小组赛。可以进行抢答比赛，也可以是书写练习成果展示赛。教师可根据自己班级情况灵活设置竞赛总结规则和内容。

示例一 "横折弯钩的写法"的课堂总结——小组抢答赛

比赛规则：前后桌四人一组，教师提出问题后，学生举手发言，其他组可以补充，每答出一条，积一分，得分最高组获胜。获胜组的成员的名字将出现在书法主题板报表扬栏中。

问题一：横折弯钩的书写技巧

回答要点：1.轻入笔，左上行；2.右上尖角，左下行；3.左下圆角水平向右，收笔正上提。

问题二：示范字"九"的书写技巧

回答要点：撇折平行，横上扬，撇尾对横，弯钩展。

问题三：示范字"几"的书写技巧

回答要点：撇立折直，撇尾对横，弯钩展。

问题四：示范字"乞"的书写技巧

回答要点：二横平行，弯钩展。

问题五：你学这节课有什么心得体会？（学生言之成理即可得分。）

示例二 任意一节书法课——书法练习成果展示赛

比赛规则：认为自己书写优秀的同学自己主动到讲台前，展示自己本节课的书写，并一一说出在书写过程中运用了哪些技巧，有哪些书写注意事项，说出自己书写好在哪里（教师及时鼓励大家多发言，展示自己）。待所有同学发言完毕，全体学生举手选出全班认为书写最好的五个人。将他们的作品放到班级优秀作品展览区或者书法主题板报展览区展览。

运用竞赛式总结，教师要注意多鼓励全体学生发现书写优秀学生的优点，找出自身书写的不足，教育全体学生，培养他们积极进取的品质。

3.故事活动总结

故事有一定的情节，学生喜闻乐见，把它引入课堂总结，可以培养学生的书法兴趣，也会收到很好的效果。

示例 "竖的应用"的课堂总结

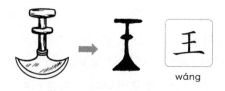

wáng

"王"字原是一把斧头的轮廓。那时的大斧是两面双刃的，显示了它的无所不能。于是它的斧口部分，就形成了"王"字上下部分的两横，斧柄则形成"王"字中部的一横。经过长期的演变和发展，"王"就成为古代隶书和今天楷书时的样子。"王"字的原意是大斧，大斧既是劈山开路的工具，也是征战杀戮的兵器，谁掌握大斧谁便拥有至高无上的权力，谁就是"王"，这也是祖先以大斧作为权力的象征的原因。王字三横一竖，三横代表天、地、人；一竖通天地人。"王"字中竖笔大家要注意：起笔停稳，竖直向下，行笔要稳，稳稳停。

教师可以结合汉字起源的故事，灵活运用到导入和总结中，增加书法课堂的趣味性。注意故事活动总结要简洁，避免拖泥带水。

4.口诀式总结

口诀式总结即教师结合教学内容，精心编制口诀让学生朗读、记忆的总结方法。这种方法既能激发学生的学习兴趣和热情，又能促使知识的牢固记忆。

示例 "心字底"的课堂总结

心字底，像卧佛，自然安详字底卧，

卧钩稍缓略写扁，一字穿心点两边。

口诀式总结可以在任意一课使用，课本中每节课，每个字的书写，都总结了它的书写技巧，只要稍加整理就是口诀，教师可以根据自身经验和班级学生特点灵活使用，以更好地帮助学生掌握书写技巧。

（七）渗透式总结

书法教学的思想品德教育，一定要注意与书法知识、技能的教学有机结合，把书法知识掌握与思想品德教育有意识恰当地联系起来。将有意识的教育寓于无意识的受教育之中，做到在知识教学中自然、适时、适量地渗透。渗透式总结可以有效地帮助书法教学达成情感、态度与价值观目标。具体可以借助以下两种方式进行：

1.结合示范字或者偏旁部首渗透

根据汉字的结体规律和美学原则，阐析字形同做人之间的联系，把写字同育人结合起来，使学生在情趣盎然的字形分析中掌握写字规律，明白做人的道理，受到守纪律、团结协作、谦让互助等方面的教育。

示例 "木字旁"的课堂总结

木字旁中有一个示范字"林"，教师可以结合这个示范字做如下渗透：

这节课我们学习了"木字旁"的书写，请学生再次观察"林"字的书写，如果两个"木"不作变化，互不相让，就会影响字形美观。把左边"木"的一捺写成一点，字就漂亮多了。这就像同桌之间，两个人如果手都撑得很开，就会引起吵架、争议。但如果两个人互相主动让一下，不就可以友好相处了吗？

这样总结既生动形象，又使学生从中受到启发，知道了你争我占不谦让会影响团结，集体生活中不能事事以自己为中心，应多考虑他人利益，形成和谐融洽的人际关系。

2.通过优秀作品展示做渗透式总结

教师可以选出班级书写的优秀作品，通过两步实现对学生的品德教育：

第一步，欣赏字的间架结构，感受汉字的形体美，养成正确的写字姿势和良好的写字习惯；

第二步，学生分享书写心得，相互学习，帮助学生养成团结协作、互帮互助的习惯。

（八）前呼后应式

前呼后应式总结需要教师在导入新课时给学生设疑置惑，总结时释疑解惑。这样前呼后应形成对照，使学生豁然开朗。

示例 "点竖对正"的课堂总结

教学伊始，教师做如下导入：

请学生自己书写点画，然后依次书写"市""永""帝"三个字，并提问：点画写在什么位置最合适？点画和竖画之间的位置存在什么关系？引起学生思考后，引入本节主题：点竖对正。

课堂总结：通过本节课的学习我们知道"点在字中第一笔，首点要居正，点下有竖时，竖对点"。

这种前呼后应式的总结不仅能给学生留下深刻印象，更重要的是可以帮助学生进一步掌握本节课的主要内容。

（九）轻松结尾式

轻松结尾式也是一种使用较多的总结方法，常用的表达方式就是："同学们，这一节课的内容就学完了。"

通常来讲，此种方法在一定的条件下适用：一是本节课的教学任务全部完成，顺利达到了教学目标，这时不必再多说；二是学生近日各科学习任务较重，需要得到休息，以缓解大脑的紧张状况，在这种情况下，轻松结尾比较合适。

（十）表扬鼓励法

喜欢受表扬是人们共有的心理状态，学生更加如此。一节课结束时，对学生进行表扬鼓励，会使学生受到莫大的鼓舞。特别是在一个单元即将结束的那节课的结尾运用表扬鼓励法对这一单元中表现良好的学生进行表扬鼓励，既表扬了表现好的学生，又对其他学生起到强化、榜样作用，会显示出意想不到的效果。

第三章 书法教学中的教师示范

第一节 教师示范的意义

孔子说："其身正，不令而行；其身不正，虽令不从。"现在教师们则常说："喊破嗓子不如做出样子。""身教重于言教。""榜样的力量是无穷的。"这些不同的说法，究其实质，都强调了示范的作用。可见示范是一种直观的、现实的、可供仿效的形象教育，也是一种无声的，可以起到"此时无声胜有声"的潜移默化的教育。

书法是一门实践性很强的学科，尤其是基础的技法教学，必须借助一定的示范，才能使学生更直观地明白漂亮的字是怎么写出来的，然后通过自己的实践来感受认知书法的美。而事实表明，在这个转化过程中，学生表现出来的更多的是眼高手低，观察的审美能力高于书写的审美能力。因此在教学时，如何帮助学生切实有效地提高书写能力，则成为教学时的重点，亦是难点。把握重点，攻破难点，方法很多，示范则是其中的重要一法。

在书法教学中，教师的准确示范是必不可少的，也是非常有意义的。

良好的教师示范，能树立教师在学生心目中的威信。作为学生的一面镜子，教师要善于利用自己的身份和角色来影响学生，使学生仰慕你那扎实的专业知识和过硬的基本功，从而使学生喜欢你的书法课。当教师把学生遇到的有难度的问题，经过示范和演绎，用自己广博的知识、扎实的专业技能展示出来时，这种对问题处理的表率示范行为，会让学生钦佩，更加"亲其师，信其道"。

良好的教师示范，能激发学生学习书法的兴趣。举个简单的细节：学生在基础教育阶段，都有很强的向师性。教师如果善于贴近学生，示范讲解完后乐于把自己的范作作为奖品奖励给学生，这对学生来说是莫大的荣幸和诱惑，有利于调动学生学习书法的兴趣和积极性。

良好的教师示范，是多媒体等其他示范所无法取代的。书法教学是培养学生审美情趣的手段，教师的示范更是不能用其他教学手段和形式替代的。过多地依附于多媒体、字帖等，书法教师的才能和示范作用就会受到制约，因此，良好而准确的示范是其他任何教学手段都无法替代的。

良好的教师示范，能提高课堂的教学效果。在课堂教学中，教师示范的目的，就是帮助学生加深对书法技巧的理解与把握，提高学生的结体能力和线条的表现力。因此要求学生会写的字或作品，教师首先要胸有成竹、充满自信地示范，因为这时候的影响是最直接、最深刻的，尤其是对解决教学难点最有帮助，最有针对性。教师在现场示范时，学生会对教师的行为进行观察、领会，以便得到更直观的体验，这样可以提高课堂教学的效果。

第二节 教师示范的形式

教师示范分为两种，一种是动态的现场书写示范，另一种是静态的成品展示示范。

动态示范适合书写技巧的传授与展示，如利用黑板书写示范来说明运笔轻重的变化，在投影仪上书写可清晰地展示运笔顺序和速度的快慢，对于个别书写错误的纠正可在学生的作业本上直接范写说明等。

静态示范适合于欣赏、比较教学时使用，如双姿的示范、教师的范字或范作的欣赏、正确与错误对比等。

教师示范的途径比较多，书法课堂教师常用的是借助黑板、投影仪、身体、范作等来演绎、示范。任何一种示范途径都有其利弊，比如：黑板书写示范虽然可以通过彩色粉笔和颜色的深浅变化加强冲击力，但容易因视线的遮挡而失去示范的效力；个别辅导示范书写，一对一，效果很好，但不能顾全大局，不适合普及性教学，时间消耗大；投影仪示范，清晰易见，可能是目前使用频率较高的示范途径，但如果从头到尾都使用投影仪，低学段的学生也会产生视觉疲劳，产生厌倦、没有新鲜感，等等。所以，教师在教学时要根据不同的教学内容、教学环节和学生的实际情况，采取合理有效的示范，尽可能提高书法教学效能。

第三节 教师示范最优化

教师示范是书法教学的先导，教师要善于适时选择最合理的示范形式和途径来辅助教学，使示范最优化，真正提高书法教学效能，应该避免示范简单化、教条化，更不能为了示范而示范。

一、根据不同的教学内容选择最合适最有效的示范形式和途径

书法基础教学的内容大致可以分为五个方面，即双姿（坐姿与握笔）教学、笔顺教学、结构教学（位置、大小、均衡等）、笔锋教学（线条快慢与轻重的表达、笔势的连贯与呼应等）和章法教学，这既是教学的内容也是书法教学循序渐进的安排。其中双姿教学和章法教学更多的是采取静态示范，笔顺教学更多的是采取动态示范，结构教学和笔锋教学则根据需要可以动静结合示范。

启蒙阶段的双姿教学，除了在教室里张贴有关双姿的图片外，最好的方法就是教师身体力行，前者更多的是起到警示作用，后者则更具示范榜样意义。教师可端坐于投影仪前，借助投影放大讲解，尤其是握笔的姿势，由于手指相对较小，普通示范对于远距离的学生或周边的学生来说不一定能顾及，即使在教室移动示范，效果也没有投影放大讲解示范来得清晰明了。

汉字的笔顺是有标准的，不是想先写什么就先写什么笔画。笔顺的正确与否将会直接影响间架结构的美观度，使学生明确掌握每个字的笔顺，对于启蒙阶段、低学段的学生来说是至关重要的。教学时，选择动态示范是无疑的。教师可以采用多媒体课件显示笔画的先后顺序，但可能会显得有些机械僵化；也可以在黑板上书写示范，但学生的视线易被教师的身体遮挡；所以借助投影仪示范书写是最理想最有效的，因为清晰度高，视觉冲击力大，不仅可以表明笔顺，甚至可以顺带展示出笔画间的连贯性，这对学生来说也是一种潜移默化的熏陶，是多媒体课件所不能及的。类似运笔等细节的技法传授，如线条表达时速度的快慢等，如果借助投影仪，通过放大书写示范，则更能给学生直观的视觉体验。

结构教学时，可以借助黑板，通过粉笔的色差，强化显现结构特征。如在教学主笔伸展的结构特征时，例字"贵"，在用白色粉笔写好后，再用红色粉笔在主笔长横上描红，起到强化作用。此外，黑板的颜色与粉笔的颜色本身就是一组很强烈的对比，视觉效果比较好，字的大小、高低的位置等，通过黑板展示显而易见。

笔锋教学实效的显现相对于笔顺、结构来说更具滞后性，教学难度也大。比如线条轻重粗细的表达，说起来很简单：重的、粗的、颜色深的行笔速度慢；轻的、细的、颜色浅的行笔速度快。形成口诀后学生很容易熟记，但学生实践起来是达不到预期效果的。这与练习时间的多少和功底的深厚程度直接关联，教师除了让学生仔细观察黑板上范字线条的颜色深浅外（粉笔的粉质特性，使书写后会产生颜色的深浅之变），如果通过"触觉感知法"让学生感悟轻重变化，即用手指在学生的手臂上或背部书写，让学生感受轻重是如何渐渐变化的，效果就会更好些。

章法教学时，教师可以把事先写好的范本或作品放在投影仪上展示，篇幅较大的可直接悬挂于教室。基础教学阶段，教师最好不要总是选用古籍经典作为范作，可以选用自己创作的作品给学生示范欣赏，如此效果更佳。因为这样既能让学生产生钦佩感，又不会让学生觉得要达到这样的水平是遥不可及的事，对学生会有更大的激励作用。此外，范作的应用还可以使教师只用几分钟或几十分钟的时间就把一些要用很长时间也说不清的问题解决了，从而腾出更多的时间给学生练习。

教师示范的形式与途径的运用并不一定是单一的，有时为了强化某一知识点或传授某一技艺，教师可综合运用。比如前面提到的笔锋教学，动静结合，这样既吸引学生的眼球，又达到强化的目的。

二、以学生为本，把握好示范的时机

很多新教师在教学时普遍会陷入一种教学误区，就是生怕学生写不好，会出这个错，或者那个错，所以往往还没把正确的示范讲解到位，还没开始让学生尝试练习，就急匆匆地先列举出很多的错例，希望引起学生的注意，防患于未然。殊不知，这样的提示是事倍功半的。因为学生在一节课上不可能一直集中注意力听老师的讲解，开始的几分钟是他们注意力最集中的时段，对教学来说弥足珍贵，学生在还没有学习正确知识之前，却看到一堆典型的错例，有些错误可能一时还并不会犯，但给他们留下了深刻的印象，等到开始学新知识的时候，注意力已经有了分散，有的甚至开了小差。学生一旦形成错误的观念和结论，后期纠正起来是非常困难的。

学生本身是课程资源，学生书写优劣的表现也是我们的教学资源，好的作为示范，不足的成为纠错的典型，以便引起学生的注意，并及时改正，这才是真正地体现"以生为本"的教学理念。因此，依据首因效应的原理和学生注意力的特点，新授教学环节一定要在第一时间强化展示正确的示范，而在辅导纠错环节，教师可先推出学生的错例，接着再展示正确的示范，让学生通过观察比较明白错在何处，这样的教学更有针对性，效果会更好。

三、培养学生的观察比较能力是教师示范作用有效发挥的前提和保障

对于低学段的学生来说，由于受到观察力的限制，他们看了示范后并不一定能临摹到位，所以要时刻有意识地培养学生的观察比较能力，只有学会了观察，学会了比较，教师示范的作用才能得以高效显现。

书法教学中观察比较的内容主要包括：借助"十字八点格"能找准笔画的位置、能明确笔顺、能找到主笔、能区分具体笔画、能把握字形，等等。教师在引导学生写字前要先看字的笔画，思考、分析字的间架结构，哪个笔画应写在哪里，占多少位置，注意平衡、等距、长短、垂直的合理性，然后再写，让学生养成"一看二想三写"的习惯。

比如对间架结构的观察，在教学单字"皮"的写法时，学生在看了教师的范写后，还没等老师分析讲解要领，有的学生就会匆匆提笔开写，结果写出来的"皮"字就五花八门，这时将学生的字与老师的范字进行对比，并逐一帮助他们找到问题，指出症结所在，再次练习时就会大有长进。

又如运笔方法中，在"竖"画的教学时，可先投影出示静态的长竖与短竖的图片，让学生观察比较它们的运笔差异，然后教师加以正确示范，再请学生临摹，效果就很好。所以培养学生爱观察、会观察，养成良好细致的观察习惯，才能确保教师的示范更有效。

第四章 书法教学评价

第一节 教学评价的作用与意义

一、教学评价的定义

教学评价是以教学目标为依据，按照科学的标准，运用一切有效的技术手段，对教学过程及结果进行测量，并给予价值判断的过程。

书法教学评价，就是依据书法教学目标，运用一切有效的方法和手段，对教师教和学生学的过程及结果进行测量，并给予规范书写程度判断的过程。

书法教学评价主要解决如下问题：

1.评价什么

突出书法课程评价的传承性和实用性，可依据预设的教学目标来评价教学效果，以全面考查学生的书法素养。

2.谁来评价

在书法教学中采取教师评价、学生自我评价和学生间相互评价相结合的方式。另外，还可以让学生家长积极参与评价活动。

3.怎样评价

结合多种有效的评价方法，将来还会借助智能手段，对书法教学的各个环节进行评价。尤其注重发展性、激励性评价，注重质性评价与量化评价相结合。

二、教学评价的作用

教学评价的根本在于促进学生成长。具体而言，对教师的教和学生的学都有相当重要的作用。

（一）诊断作用

诊断作用主要是对学生学习效果的诊断，从而去判断学生学习效果不好的客观原因和主观原因，就像身体检查一样，找出病变，解决矛盾。对于书法教学来说，主要是通过评价发现学生在书写中存在的问题，找出解决的方法。

（二）鉴别作用

教学评价的鉴别作用一方面是学校对教师能力的鉴别，根据教师的已有知识经验和水平来决定教师是否有资格晋升或者接受培训，另一方面就是对学生的学习水平、学习效果的鉴别，从而根据学生的学习情况进行有针对性的教学。

（三）导向作用（调控作用）

教学评价不仅指导着教师的教还指导着学生的学，对教师的指导主要是指是否偏离教学轨道、教学目标以及教学重难点；对学生的评价主要是对学习效果的评价。

（四）激励作用

科学的、合理的教学评价可以调动教师教学工作的积极性，激起学生学习的内部动因，使教师和学生都把注意力集中在教学任务的某些重要部分。对教师来说，适时的、客观的教学评价，可以使教师明确教学工作中需努力的方面；对学生而言，适当的评价可以提高学生的积极性和学习效果。所以教师在日常书法教学中要注重发展性、激励性评价的运用，及时发现学生身上的闪光点和进步点，适时对学生进行表扬、鼓励，在增进师生关系的同时又促进学生进步。

（五）育人作用

书法教学评价的育人作用在于不仅能让学生在书法知识上获得提升，而且在其他层面，如书写技能、书法欣赏等德育和美育方面都能够得到发展，实现育人作用。

三、书法教学评价的目的

《中小学书法教育指导纲要》中将书法教育评价的目的确定为：中小学书法教育评价要发挥评价的发展性功能，旨在激励学生学习书法的兴趣，养成良好的书写习惯，提高书写水平和审美情趣。

四、新的教学评价理念与书法教学

自新课改以来，教学评价出现了许多新的评价理念：

（一）在评价功能上，要由侧重甄别和选拔转向侧重发展。在书法教学评价中，尤其侧重发展，书法教学既是对传统书法的继承，又对学生的发展有重要影响，良好的书写习惯能够让学生受益终身。

（二）在评价对象上，要从过分关注对结果的评价逐步转向关注对过程的评价。在书法教学评价中，多关注学生在书写过程中的进步点及时表扬鼓励，促进学生进步，培养学生的书法兴趣。

（三）在评价主体上，要强调评价主体多元化和评价信息多元化，重视自评、互评的作用。在书法教学评价中，教师做好组织、引领的同时，多鼓励学生参与到书写评价中，鼓励学生大胆评价自己的书写；同时积极参与互评，共同进步。自评、互评的评价方式不仅印象深刻，还能够集思广益、取长补短，更有利于全体学生进步。

（四）在评价结果上，不仅要关注评价结果的准确、公正，更要强调对评价结果的反馈以及被评价者对评价结果的认同和对原有状态的改进。书法教学评价不是告诉学生自己写得对与错，而是通过评价，帮助学生在原有的写字技能上更加进步。所以在书法教学评价中要明确好，好在哪里；有不足，怎么改进。以便帮助学生获得更大进步。

（五）在评价方法上，要强调评价方式多样化，尤其注重把质性评价与量化评价结合起来，以质性评价整合量化评价。在书法教学评价中既要注重书写的量，更要注重书写的质。

（六）在评价者与评价对象的关系上，要强调平等、理解、互动，体现"以人为本"的主体性评价的价值取向。所谓"闻道有先后，术业有专攻"，书法教师一定要有正确的教育理念，书法教学的主体是学生，教师是引导者和促进者。在书法教学评价中要明确关系，相互理解，相互尊重，相互欣赏。

五、教学评价的意义

教学评价对教师、学生和教学质量都具有重要意义：

（一）促进学生发展

书法教学从结合学生已有知识和经验出发，学练合一，动手、动脑合一，学生逐步掌握书写技巧，促进学生书法知识技能的发展。而且书法教学评价不仅关注教学效果，还关注教学过程；不仅关注教师的教学行为，更关注学生的学习过程和情感体验。总之，在书法教学评价过程中通过教师鼓励、教师指导、学生自评、小组互评等多种形式来促进学生发展。

（二）提高教师专业素质

新课程理念下《课堂教学评价标准》将课堂评价改革目的明确定为：评价不在于过分强调甄别与选拔功能，而是发挥评价促进学生的发展，教师提高和改进教学实践的功能。其还对教师明确提出"建立促进教师不断提高的评价体系"，着重探讨应该用什么样的标准评价课堂教学问题，如何引导与帮助教师提高专业素质。可见，课堂上教师所扮演的角色不仅是以往评价的主要对象，更应是学生教学活动的组织者、引导者、合作者。发挥好教师课堂教学评价的导向功能对教师的专业素质起到积极推动的作用。

（三）检验教学的重要方法手段

书法教学活动的质量如何，有没有达成教学目标，能不能启发学生智力，能不能提高他们的兴趣，教学方法是否合适，教学评价都起到了检验作用。

第二节 第一学段教学评价的重点

根据《中小学书法教育指导纲要》中的"目标与内容"和"实施建议要求"，及《义务教育语文课程标准（2022年版）》"课程目标与内容"和"实施建议"两部分中关于识字写字的相关要求，确定第一学段的书法教学评价重点如下：

1. 能正确掌握基本笔画、结构，按笔顺规则用硬笔书写。
2. 掌握握笔要领和运笔方法，书写姿势正确，书写规范、端正、整洁。
3. 关注认真的书写态度，感受汉字的形体美，注重良好书写习惯的养成。

第三节 学生书法学习评价方法

一、学生书法学习评价注意事项

（一）注重进行个体内差异评价

个体内差异评价法是以被评价对象自身某一时期的发展水平为标准，判断其发展状况的评价方法。简单地说就是自己跟自己比，是将被评价者自己的过去和现在进行比较。学生是有个体差异的人，在成长过程中每个人擅长的领域不同，在各学科的学习中就会存在差异，书法学习也不例外，所以我们要多注重对学生进行个体内差异评价，以更好地促进其发展。

（二）做好三种评价：诊断性评价、形成性评价、总结性评价

要做好三种评价，一定要明确三者的含义。诊断性评价是在学期、学年、课程或一个单元教学开始时，为了了解学生的学习准备状况及影响学习的因素而进行的评价。比如新课伊始教师先让学生自己书写某个字或者某个偏旁部首，了解学生的基本情况，以更合理地规划本节课的学习。

形成性评价是教学过程中为改进和完善教学活动而进行的对学生学习过程及结果的评价。比如在书法上课过程中，教师请学生板演或者请学生分享某个字的书写心得，等等，通过学生反馈，知道学生的掌握程度。

总结性评价是在一个大的学习阶段、一个学期或一门课程结束时对学生学习结果的评价。比如在一学期的书法学习结束后，对整个学习结果做的总结评价。

注意：三种评价要贯穿于书法教学的始终，灵活、适时运用，以便及时、有效帮助学生进步。

（三）注意评价主体多元化，坚持自评、他评、互评相结合

三者结合更有利学生准确、客观、全面地了解自己的书写，更有利于学生进步。在书法教学过程中适时、灵活运用自评、互评、他评，事半功倍。

（四）注重定量评价与定性评价相结合

定量评价是采用数学的方法，搜集和处理数据资料，对评价对象做出定量结果的价值判断。简单地说就是评分，在书法教学中可适量运用定量评价，建议更多地采用定性评价。

定性评价是根据评价者对评价对象平时的表现、现实状态或文献资料的观察和分析，直接对评价对象做出定性结论的价值判断。强调通过观察、分析、归纳与描述的方式对学生进行评价，这种评价有利于学生明确存在问题，更有利于学生的书写进步。比如从书法教学目标来看，书法教学目标中要求"书写美观""临摹能力有所提高"等目标要求，不像数学那样可量化，不是简单的对与错评价，而是更适合用定性评价的方式，通过描述分析给予学生指导、反馈。

二、学生书法学习评价的方法

（一）圈点、批注法

圈点、批注法就是在书法教学中运用圈、点、批注等方式标注出学生存在的问题，或者标注出学生书写美观的字，以引起学生注意。如果是圈点出学生存在的问题，一定要给学生在旁边做好示范或者及时讲解，做到有问题及时解决。在书法教学各个阶段，本方法都适用。

（二）观察法

观察法是指观察者根据一定的教学目标、评价标准，用自己的感官和辅助工具去直接观察被观察对象，从而获得评价资料的一种评价方法。在书法教学中，教师可以随时或者适时根据教学需要对学生的书写姿势，起笔、行笔、收笔，书写速度、书写力度、书写态度等进行评价、指导。但应注意在观察时应做到认真、客观、公正。教学过程中的有效观察可以及时发现学生在书法学习中存在的问题，及时帮助学生改进。同时教师通过直接的观察，可以有效掌握学生一段时间的书法学习态度和书写进步情况，及时总结反馈，为评价学生、促进下一阶段的学习提供参考。

（三）作品分析法

作品分析法又叫产品分析法，是对学生的各种作品，如笔记、作业、日记、文章等进行分析研究，了解情况，发现问题，把握特点和规律的方法。在书法教学中，作品分析法，可以是在课堂教学中对学生练习的评价，也可以是对学生书法作业的评价。作品分析法可以与下面提到的成长记录袋评价结合起来，帮助学生直观地看到自己在一段时间内的进步，培养学生的书写习惯和书法兴趣。

（四）成长记录袋（档案袋评价）

成长记录袋（档案袋评价）是根据教育教学目标，有意识地将各科有关学生表现的作品及其他证据收集起来，通过合理的分析与解析，反映学生在学习与发展过程中的优势与不足，反映学生在达到目标的过程中付出的努力与进步，并通过学生的反思与改进，激励学生取得更高的成就。在书法教学中成长记录袋评价法要求在各个阶段及时收集、积累学生书法学习中能够反映其进步或者存在的问题的作品，适时作出分析、解析，帮助学生发现自己的优势和不足，找到下一步书法学习的方向。成长档案袋，不仅可以作为对学生一段时间书法学习的总结性评价，也可以是某一阶段书法学习开始时的诊断性评价。这种方法对于全面了解学生、找到学生书法学习的生长点具有很大帮助。教师可结合自身书法教学，灵活运用。

（五）反思总结

一段时间的书法学习后，可以鼓励学生通过总结、反思的方式展开自我评价和相互评价。但是这种方法教师要多加引导，帮助学生客观、科学地认识自己在书法学习中的进步和不足，总结经验，改进不足。

第五章 书法实践活动

实践活动是在教师引导下，学生自主进行的综合性学习活动，是基于学生的经验、密切联系学生自身生活和社会实际，体现对知识综合应用的实践性课程，包括研究性学习、社会实践、劳动与技术教育等领域，并渗透信息技术教育。

书法课堂是培养学生审美能力、陶冶情操的主阵地，学生练好毛笔字，既有利于加深对语文基础知识的理解，也能调动学习的积极性，培养良好的意志品质。因此在书法教育教学中，教师要引导学生在生活中学书法、用书法，积极开展书法教育实践活动，通过社团活动、兴趣小组、专题讲座、比赛展览、艺术节、文化节等多种形式，创设书法学习环境和氛围。充分利用少年宫、美术馆、博物馆、名胜古迹等资源，拓展书法学习空间。有条件的地区，学校还可开展校际、地区以及国际书法教育交流活动。鼓励学生在学习、生活中运用书法学习成果，发展实践能力。

第一节 书法社团活动

书法社团活动可以培养学生对书法的兴趣爱好，增长知识，提高书写技能，丰富学生的课余文化生活。将书法社团活动渗透在教学当中，不仅能培养学生良好的道德情操，提高他们自身的道德素养和知识水平，还能为今后培养艺术人才起到积极的推动作用。

××小学书法小状元社团活动预案

一、指导思想

为弘扬中国传统文化，培养学生良好的书写习惯，营造浓厚的书法学习氛围，特组建我校书法社团，利用课余时间丰富校园书法文化生活，增强全校师生书法学习热情。

二、工作目标

1.在书法学习中，使学生养成良好规范的书写姿势和握笔姿势。

2.掌握基本笔画：横，竖，撇，捺，折，点，提，钩的写法。指导学生写出一手规范、美观的字，对其学习以及将来的工作、社会交际起到深远的影响。

3.通过书法练习，培养学生认真负责、专心致志、持之以恒的品质。

4.让学生直接接触书法，激发学生学习书法的兴趣与热情。渗透汉字美学。学习简单的章法并尝试创作。

三、社团愿景

1.为有书法爱好的学生提供良好的学习环境；

2.为社团成员提供学习交流的时间和平台；

3.提升学校的浓厚书法文化气息；

4.磨炼学生意志，修炼学生心智，锻炼学生素质。

四、教学措施

1.精选学习内容

首先，阐明学习书法道理、增强学习勇气。在教学中要使学生明白，书法不是高不可攀的。其次，营造学书气氛。

2.教给正确方法

在书法教学中，首先要教给学生正确的握笔、运笔姿势，握笔轻重的调控，书写坐姿、站姿等要领；其次是教给学生正确的读帖方法和临帖方法，如看笔迹，悟其运笔过程，看结体悟其组合规律；临帖时"字数宜少、遍数宜多"等；最后是要求学生注意写字卫生。如桌凳、光线、写字姿势等，通过严格的学习训练，不但可以养成良好的写字习惯，还可以培养气质。

3.加强书法训练

在汉字书写时，落笔的轻重、结构的疏密、运行的缓急、气势的强弱等均有章法可循，训练学生遵守汉字书写规律，便是"有纪律"。书写内容为课内外文章、诗词、对联或名言、警句之类。一词一语、一章一节，流泻笔端，铭刻心间，便是"有文化"。要求学生书写时学谁像谁，越像越好，这也是培养学生虚心、诚恳、一丝不苟的品德。

五、社团成员及活动要求

1.每周社团活动时间，准时到达书法社团教室，如发现缺席情况及时向班主任反映；

2.书法社团成员严格遵守纪律，保持安静，不做与书法学习无关的事情；

3.保持书法教室的干净整洁，爱护书法教室的设施和用品；

4.每次老师布置的任务，学生都应按时完成。

六、社团活动内容

1.鼓励学生积极参加校内外书法展、书法竞赛、艺术节等书法项目，提升学生学习热情；

2.以锻炼学生的书写习惯为主，教给学生正确的坐姿、握笔姿势、行笔技巧；

3.社团活动以学生为主体，少讲多练，多实践；

4.以月为单位，每月完成一幅完整的书法作品。

七、成果展示评比与奖励办法

书法社团的展览可分为作业展览和作品展览两大部分。作业展览是根据教学计划和步骤，选择完成较好的作业进行展览；作品展览是在教学工作进行到一半，学生掌握了一定基础之后，规定内容，完成作品，在学期中及学期末举办作品展示活动。展览形式是在教室墙上悬挂或张贴展出或以展板的形式举办全校展览。

学期共安排两次书法竞赛，每次比赛均为分段评比，分为高年级组与低年级组。奖项设立：一等奖1名，二等奖2名，三等奖3名。

八、具体课程安排（略）

第二节 书法专题讲座

书法专题讲座即邀请国家、省、市书协会员，当地知名书法家到校讲座，提升学生书法艺术水平，提高学生鉴赏、临习、取法及运用等综合能力，通过和书法家互动，激发学生学习兴趣。

开展书法专题讲座的同时要结合丰富的社团活动，如书法创作、评比、展示等活动，营造学校书法氛围、提升书法水平，创办书法教育特色学校。

讲座的主题可涉及书法知识、作品赏析、艺术创作等诸方面。

书法专题讲座预案

为弘扬中华传统文化，提升学校书法教育氛围，提高学生审美素质，挖掘学生潜能，培养学生认识美、发现美、创造美的能力，鼓励学生将有限的课余时间投入到更加积极有益的兴趣爱好中来，特举办本次书法专题讲座。

主　　办 书法教研室

讲座事项

1.时　间：20××年×月×日下午

2.地　点：书法第×教室

3.参加者：三、四年级书法爱好者及特长生，各班组织学生在自己教室收听收看讲座视频。

4.主讲人：中国书法家协会会员，省书法家协会理事，市书法家协会主席 ×××

5.内　容：（略）

活动流程

1.主管校长负责市书法家协会主席×××先生邀请及接待工作；

2.书法教研室组织学生提前15分钟入座，维持秩序；

3.书法教研室负责准备讲座可能用品，如投影仪、文房四宝等；

4.主管校长对讲座进行简单介绍，介绍讲座嘉宾×××先生；

5.讲座总结。

第三节 校园书法比赛

定期举办校内书法比赛，组织优秀参赛作品展览展示，可以营造学校书法学习氛围，提高学生书法学习兴趣，增强学校特色教育竞争力。

××小学硬笔书法比赛预案

一、比赛目的

为传承和发扬中国传统书法文化，引起学生对规范汉字书写的重视，提升学生汉字书写能力，让学生从小就练就一手好字，特举办本次比赛。

二、比赛要求

1.参赛对象：一至六年级全体学生

2.要求字体：正楷体

3.参赛要求：

①一至三年级学生用铅笔书写，四至六年级学生用钢笔或硬笔（黑色或者蓝黑色）书写；

②学校命题书写，发放试卷，参赛者主要带书写工具和垫纸即可；

③参赛者必须用学校统一制定的书写纸书写；

④按要求填写自己的姓名、性别、年级、班级；

⑤参赛作品卷面须整洁，无褶皱。

三、比赛方式

1.海选：全员参加

各班自行安排时间统一书写，选取5名优秀同学参加学校统一组织的决赛。

2.决赛：各班代表参加

时间：20××年×月×日 课外活动时间

地点：多媒体教室

四、评比要求

1.参赛作品必须按要求字体书写，不出现错字、涂改、漏字及其他字体。

2.按年级评选出优秀作品若干，颁发奖状及奖品以资鼓励，获奖作品在各班进行一个月轮流展览。

五、奖项设置

按年级评选书法小状元：一等奖 1 名，二等奖 3 名，三等奖 6 名。

第四节 书法研学活动

研学，即研究性学习，国际上统称探究式学习。研学旅行即研究性学习和旅行体验相结合的校外教育活动，继承和发展了我国传统游学"读万卷书，行万里路"的教育理念和人文精神，结合国际上"研究性学习"的理念、方法、模式，是素质教育的新内容和新方式。

书法研学是由学校（或年级）统一组织，基于学生书法学习兴趣，根据学习内容，从历史、人文、科技、体验等类别选择和确定研学主题，在动手做、做中学的过程中，主动获取书法知识、应用书法知识、解决问题的集体学习活动。

书法研学预案

一、活动目的

为了拓展学生学习书法的空间，丰富学习经历和生活体验，让学生能在研学的过程中陶冶情操、增长见识、提高学习兴趣，全面提升综合素养，结合我校实际情况决定，组织我校书法研学活动。

二、活动主题：秋意浓 学习正当时

三、活动时间：20××年×月×日

四、活动地点及内容：邯郸碑林

1.通过邯郸碑林这个窗口，了解中国书法悠久的历史及发展史；

2.游览文化遗存，品碑林之魂；

3.了解碑帖学知识；

4.体验书法，执笔临摹碑帖。

五、参与对象：三年级全体学生

六、活动实施：负责人组织集中开会，告知活动安排及安全注意事项。

1.早上组织大巴车在学校门口等候，清点人数后统一出发；

2.上午研学路线安排：邯郸碑林；

3.午餐安排：活动地饭店；

4.下午研学路线安排：××书法文化馆；

5.安全回校。

七、活动总结

写好研学成果报告，并挑选优秀临摹作品进行展示。

八、应急预案

预防在先，及时汇报，及时联系，妥善处理。

第五节 校园书法艺术节

校园艺术节是艺术教育工作者及艺术特长生、广大师生艺术爱好者之间学术交流与学习的重要舞台，是提高广大师生的艺术欣赏水平、丰富师生精神文化需要的主要举措。文化艺术的形式丰富多样，如语言艺术（诗词、散文、小说、戏剧文学）、表演艺术（音乐、舞蹈、戏剧表演）、造型艺术（绘画、雕塑、书法）和综合艺术（戏剧、戏曲、电影）等。

校园艺术节中能涌现出各方面的人才，培养同学们的自信，锻炼学生能力，带动学生对各方面知识学习的兴趣、增强学生的集体观念。

校园艺术节书法方面的内容可以包括：名家讲座、三笔字比赛、书法作品创作、书法体验、书法论坛等内容。

××学校校园艺术节书法组织预案

一、活动目的

为进一步丰富校园文化生活，努力营造积极向上、清新高雅、健康文明的校园文化氛围，打造和谐校园，展现我校学生的青春风采和精神风貌，激发广大学生热爱艺术、勤奋学习、努力成才的热情与动力，发掘个性特长，推进校园精神文明建设，特举办校园艺术节。

书法类艺术活动旨在增加学生对书法艺术的追求，丰富学生的校园生活，营造浓厚的节日氛围，增强学生的荣誉感。

二、活动时间：20××年×月×日

三、活动内容

1.开放书法社团教室，将教室内的书写工具、书写资料、书写作品展出供学生参观、

欣赏、体验使用，由书法社团成员进行演示、讲解。

2.制作书写长卷，组织百名学生在长卷上书写自己的姓名，创作百人书写长卷作品。

3."××××××"主题书法创作现场大赛。

比赛时间：20××年×月×日

比赛地点：书法第 2 教室

负责人：××× ××× ×××

评委：××× ××× ××× ××× ×××

参赛要求：每班至少推荐 2 名同学参加。

4.全校书法展

参展时间：20××年×月×日

负责科室：书法教研室

参展要求：所有学生每人至少创作一幅硬笔作品，三年级及以上年级每位学生至少创作一幅软笔作品，由班主任组织学生从本班中遴选出 5 幅硬笔作品、5 幅软笔作品参加全校展出。

5.邀请名师、名家现场书写祝福语赠予参加活动的学生。

四、活动要求

1.人人参与，班级为主。

2.充分发挥学生特长，提倡以个人的才能为校园文化艺术节增添光彩。

3.各班级要积极支持和推荐学生参加书法活动，服从学校的整体安排。

4.正确处理学习与开展活动的关系，保障正常的教学秩序。

五、奖项设置

1.硬笔分低年级组、中年级组和高年级组，每年级组一等奖 5 名，二等奖 10 名，三等奖 30 名。

2.毛笔不分组，一等奖 5 名，二等奖 10 名，三等奖 30 名。

第六章 书法教育信息化

第一节 书法教育信息化的意义

2015年9月举行的联合国发展峰会上，国际社会对21世纪教育的发展形成共识，世界各国首脑共同见证和通过了具有划时代意义的《2030年可持续发展议程》，提出"确保包容、公平的优质教育，促进全民享有终身学习机会"的教育目标。在此基础上，联合国教科文组织于同年11月又通过《教育2030行动框架》，为实现教育现代化2030目标做出具体规划，勾勒出全球教育的未来蓝图。

"2030教育，应该是更加开放的教育，突破时空界限和教育群体的限制，人人、时时、处处可学；应该是更加适合的教育，更加重视学生的个性化和多样性，实现因材施教、有教无类；应该是更加人本的教育，更加关注学生的心灵和幸福；应该是更加平等的教育，让所有孩子都能享受到优质教育资源；应该是更加可持续的教育，强调学习能力的养成和终身教育的需求。"

"要实现这样的教育，我们必须深刻认识当代科学技术特别是信息技术对教育的革命性影响，必须加大力度推进信息技术与教育的深度融合，必须对传统的工业社会框架下构建起来的教育体制进行深刻变革，才能应对信息化社会的人才培养要求，这是实现教育现代化2030发展目标的必由之路。"（杜占元：《发展教育信息化 推动教育现代化2030》，《中国教育报》2017年3月25日）

自进入新世纪以来，我国对信息技术的认识进一步深化，《国家中长期教育改革和发展规划纲要（2010—2020年）》强调，"信息技术对教育发展具有革命性影响，必须予以高度重视"，并为此专门制定《教育信息化十年发展规划（2011—2020年）》和《教育信息化"十三五"规划》，明确教育信息化的行动纲领和路线图，提出坚持促进信息技术与教育教学深度融合的核心理念和应用驱动与机制创新的根本方针。

2018年4月，教育部印发《教育信息化2.0行动计划》指出，教育信息化2.0行动计划是推进"互联网+教育"的具体实施计划，到2022年基本实现"三全两高一大"的发展目标，即教学应用覆盖全体教师、学习应用覆盖全体适龄学生、数字校园建设覆盖全体学校，信息化应用水平和师生信息素养普遍提高，建成"互联网+教育"大平台。

　　教育部 2013 年 1 月印发的《中小学书法教育指导纲要》，鼓励学校、教师、学生通过互联网获取丰富的书法教育资源，加强交流，构建开放的网络书法教学平台，充分利用现代信息技术进行生动活泼的书法教学。

　　最近几年，书法作为中国传统文化中具有最经典标志的民族符号，与信息技术高度融合，促进了传统书法教育模式的转型。书法教育信息化突飞猛进，具有突破时空限制、快速复制传播、呈现手段丰富的独特优势，成为促进书法教育公平、提高书法教育质量的有效手段，成为构建泛在学习环境、实现全民终身学习的有力支撑，对书法教育产生了革命性的影响。

一、疏解书法师资的困境

　　优质教育不均衡发展是长期以来制约我国教育改革和发展的一大问题，书法教育信息化通过依托信息技术打破时空限制这一优势，来促进优质资源的共享和均衡发展，有力地疏解了书法师资数量和质量欠缺的困境。

二、提高书法教育的效能

　　书法教育信息化可以避免传统书法教育形式单一、教学过程缺乏直观性等方面的弊端。例如，在书法欣赏课的教学中科学运用现代信息技术，不但可以快速选取书法作品让学生欣赏，而且可以根据书法教师的要求设置书法影像中的细节反复播放，从而让学生感悟书法的结构之美与笔法之美，提高书法课堂教学的效能。

三、提高学生学习的兴趣

　　兴趣是最好的老师。书法教育信息化可以惟妙惟肖地演示书法练习方法，使课堂气氛不再沉闷或枯燥无味。书法教育信息化将书法知识与书法艺术鉴赏科学相融合，师生置身于浓厚的传统文化氛围，加上教师有的放矢的点评与讲解，更彰显了书法课所蕴含的艺术审美价值，不但可以激发学生的艺术想象力，而且可以提高学习书法的动力。

第二节 书法教学的信息技术

现代信息技术与手段的优点十分明显，是传统的书法教学方式无法替代的。信息技术教学手段直观性强，图文声像并茂，广受师生欢迎。

一、投影

投影教学是利用投影器等设备，通过音像、视听传输信息的电化教学。

投影教学设备简单，操作方便，易于掌握，便于普及；制作容易；放大了的图像，可较长时间地停留，便于教师讲解和学生观察；教师能灵活地控制教学信息的传递。此种教学能提高学生的学习兴趣，帮助学生理解教学中的难点、重点，巩固所学的知识，提高学习效率，并有助于培养学生的能力。

投影教学在书法教学中的运用方法和效果：

（一）示范展示

在书法教学中，教师的书写示范是教学的主要环节，在传统的书法教学中，示范展示是一大难题。如把纸放在讲台上平铺着书写，教师虽然容易发挥书写水平，但学生通过平视观察不到书写效果，而围观教师书写，又影响教学秩序，况且在外围的同学不一定都能看清教师的示范；也有一些教师用粉笔在黑板上做书写示范，但由于距离太远，影响学生观察的效果，影响教师的书写情绪，不足以激发学生的学习兴趣。采用投影教学，可用多种方式做书写示范，如用胶片投影仪、视频投影仪、电视录像等媒体。实物投影展台展示教师书写示范，无论是毛笔还是钢笔书写示范，都能够清晰、准确地展示教师的示范书写过程以及其中具体的书写环节，如教师的握笔、运笔、线条表现效果以及字的结构等。

（二）作业点评

传统书法教学的作业点评，是教师将写得好的字圈上红圈，对于写得不好的汉字、笔画就画上红线或打上红叉。此种评价方法评价效率低，不利于大范围师生的互动。

利用投影来点评学生书法作业，当众面批，便于指出其中的共同优点，也便于指出其中的共同错误，有利于强化学习，及时纠偏。

用实物投影仪做作业点评，还有更多的优点：

1.通过对作业局部的多倍放大，使学生能够发现平时不易发现的细节问题，强化对自己学习结果的认识。

2.可以把临摹作业与字帖原本做同步放大对比，这种方式更容易让学生看清作业的优劣得失，加深对字帖的认识，掌握自己的学习状况，调整临摹方法，提高临摹水平。

3.由于投影技术对作业的放大展示，评价受众面成倍扩大，让更多的学生能够及时了解自己学习中存在的共性问题，及时纠偏。

（三）展示碑帖

在传统的书法教学中，教师作图片、字帖展示有不少困难，如果图片、字帖学生人手一份，观察效果能保证，但这一点又很难做到。另外，在讲台上展示的图片、字帖，坐在两侧和后排的同学便很难看清，尤其是字径较小的字，如小楷、钢笔字帖等，学生更无法看清，班级越大，展示效果越差，如教师走下讲台，流动巡回展示，又太浪费教学时间。这时利用幻灯片、电视录像和投影仪、视频投影仪进行展示，就会收到很好的效果。

概括起来说，视频投影仪有下列优点：

1.视频投影仪既可以展示图片、字帖印刷品、复印件、作品实物，也可以展示幻灯片和自制的书法作品照片。

2.视频展示台的摄像头可以进行高低、旋转的微调，便于对书法展示内容作局部的灵活选择和放大。

3.视频投影仪的多倍放大功能，可以将书法图片、字帖中的微观转换为大屏幕上的宏观，使字帖中肉眼难以观察的细微之处如电影特写镜头一样得到有选择的放大，使观察的对象更集中、更突出、更清晰，即使远在后排的同学，也能看得一清二楚，这给学生细致地观察和准确地临摹带来很大方便。

4.视频投影仪的反转显示除了能显示自制的底片之外，还适宜作书法鉴赏展示。在鉴赏教学中，有时要把同一字帖如《兰亭序》的墨迹本、摹刻本、墨迹翻刻本作对比鉴赏，利用反转显示功能，就可以把墨迹本的白底黑字转换为黑底白字与翻刻本进行比较，也可把翻刻本的黑底白字转换为白底黑字同墨迹本进行比较，由于这种比较是在同一层面上的，因此，它使学生更直观地感受到墨迹本比翻刻本在欣赏和临习时有更多的优点。而且反转展示也拓宽了字帖的展示方式，更易激发学生的学习兴趣。

（四）教学互动

传统的书法教学往往忽视师生互动。教师讲，学生听，教师在台上唱独角戏，学生很少有展示自己、锻炼自己的机会，所以不容易调动全体学生的学习积极性。

利用投影进行书法教学，不但给教师的书写示范带来很大方便，还可以让学生通过投影平台"板演"。学生在投影平台上"板演"完毕，当即就可以评判，让全班学生针对"板演"内容，从握笔到运笔再到结构，全方位进行评析，教师及时指导。在这个过程中，既照顾了个体，又面向了全体，使每个学生都能从中得到收获和启迪。

二、课件

课件是根据教学大纲的要求，经过教学目标确定，教学内容和任务分析，教学活动解构及界面设计等环节，而加以制作的文字、声音、图像、视频等素材的集合。

书法课件可以生动、形象地描述各种教学问题，增加课堂教学气氛，提高学生的学习兴趣，拓宽学生的知识视野，它已经广泛应用于书法教学。

心理学研究表明，学习兴趣是学习活动中最现实、最活跃的成分，学生一旦有了学习兴趣，就会产生持久追求的动力。因此，在书法教学中运用生动的课件，例如播放有关动画片，可以培养学生良好的书写习惯，培养浓厚的书写兴趣。

另外，传统的书法教学是教师在讲台上机械重复点、横、钩、提等笔画的写法，时间长了，学生会感到乏味，而且对笔画的行笔方法也未必搞得清楚。利用课件中的动画或动图来演示笔画的行笔过程，同时讲解怎样起笔、怎样收笔、哪里轻顿、哪里出锋，学生一目了然，有利于掌握运笔过程中的轻重、快慢等技巧。

制作书法教学课件注意事项：

（一）多种媒体，合理选择

借助 PPT 设计软件，教师可以利用图、文、声、像、动画、模型等多种媒体表现书法教学内容，把原来晦涩难懂的理论转化为由多种媒体所构成的生动场景。但什么内容用文字，什么时候用动画，是否需要音效和出场效果，都需要根据教学内容，精心选用媒体，设计呈现方式，只有这样，才能赋予媒体丰富的教学内涵，做到形神兼备，锦上添花，达到内容美和形式美的完美结合。

设计制作书法课件要注意避免以下两种倾向：媒体类型单一，单用文本这一种形式，很少采用图形、图像、动画、视频、声音等其他媒体；或者过度包装，在课件运用过多的媒体形式，信息呈现的密度高，相关性不强，妨碍了知识传递的有效性。

（二）以教为主，课件只是辅助教学

课件是教师和学生之间传递思想和信息的媒体工具。一堂课是否精彩，关键是教师，而不是作为信息传播媒介的课件。课件可以辅助教师的教学活动，但不能代替教师的教学活动。因此，在设计课件时要统筹考虑，以教学内容和教师的讲授为主，课件为辅，不能本末倒置。

（三）换位思考，精心设计

课件是给学生看的，是为学生服务的。在设计制作课件的时候，无论是内容的组织，还是模板的选择、字体的大小、色彩的搭配，都要换位思考，从学生的角度出发，看学生能否看得清楚，看得明白。

（四）简洁凝练，要点突出

PPT（PowerPoint）是制作课件的工具，Point 是"要点"的意思，PowerPoint 的含义可以理解为"使要点更有力地展现出来"。因此，课件承载的应该是"要点"信息，而不应该是教学内容的全部。制作课件时整体风格色调需要统一，除黑白外，最多两种颜色；文字不要布满整个屏幕；多张图片放一个页面时不要重叠，突出重点图片；运用特效适当地进行图片效果处理；用鲜艳的颜色对重点内容进行标注。

（五）层次清晰，逻辑严密

书法教学是一个由浅入深、前后衔接、循序渐进的过程。使用课件的最大优点在于可以将某些难懂、不易接受的内容以简明、清晰、更有条理的形式呈现给学生。书法课件要有美感，屏幕版式排列整齐，知识结构清晰，推理过程严密，逻辑层次得当；不仅要利用文字阐明各知识点及重点、难点教学内容的具体含义，还要利用幻灯片模板、字体、字号、颜色、项目符号等呈现方式区分出课程名称、章、节、知识点，即题目、一级标题、二级标题、正文和前后幻灯片之间的内在联系，使之符合教学内容的逻辑关系和学生的认知规律。

三、微课

微课是指运用信息技术按照认知规律，呈现碎片化学习内容、过程及扩展素材的结构化数字资源。

微课的核心组成内容是课堂教学视频，同时还包含与该教学主题相关的教学设计、素材课件、教学反思、练习测试及学生反馈、教师点评等辅助性教学资源，它们以一定

的组织关系和呈现方式共同营造了一个半结构化、主题式的资源单元应用小环境。因此，微课既有别于传统单一资源类型的教学课例、教学课件、教学设计、教学反思等教学资源，又是在其基础上继承和发展起来的一种新型教学资源。

书法微课是按照新课程标准及教学要求，以书法教学视频为主要载体，记录教师在课堂内外教育教学过程中围绕某个知识点（重点、难点、疑点）或教学环境而组织的精彩教学数字资源。

一节课的精华总是围绕某个知识点或者某个教学点展开的，而精彩的、高潮的环节都是短暂或瞬间的，书法教学也是如此，在书法教学中，学生视觉驻留时间普遍只有5~8分钟，若时间太长，注意力得不到缓解，很难达到较理想的教学效果。如果换一种思维方式，只将教学重点、难点、疑点等精彩片段录制下来，精准解决学生问题，这样简短的视频，通常在50M左右，方便学生通过网络下载或点播，利用率极高。

书法微课或在线课程制作有很多形式，如课堂实录式、实地拍摄式、绿幕抠屏式、PPT录屏式、讨论式、采访式、演讲式、画中画式等；在制作中需要运用的设备或者软件也是非常多的，最为常见的是电脑、摄像机或录屏软件等。在具体操作时，教师需要利用业余时间来学习和练习，并掌握各种程序以及参数，更为重要的是掌握课程的设计。

一般而言，一节微课就是一个知识点或者某个技能的学习，内容相对集中，需要教师在教学语言、教学内容等各方面进行精巧的设计与构思，才能够吸引学生。整个视频要控制在5~10分钟以内，引入和结题要简洁明了。

无论是书法课堂的哪一个环节，都要找准微课与课堂的切入点，在合适的时机用合适的方式，使微课有机地融入书法教学。并不是每一课都需要微课的介入，它只是教学的一个辅助资源之一，其他的媒体资源和教具也应合理利用。

四、书法人工智能

随着人工智能、大数据等新兴科技的快速发展，书法也开始应用人工智能技术。

目前常见的书法人工智能应用系统集图像处理技术、深度学习技术、增强现实技术、智能机器人技术于一体，由手机（或平板）、电脑端与写字平台（或临摹屏）构成，书写者手持笔具在写字平台自然书写，系统对书写产生的轨迹或图形符号进行数字化处理，实时显示书写的过程和结果，基于深度学习技术进行即时测评，包括结构、部件、笔画等多个维度。

写字平台分有纸墨和无纸墨两种。传统书法是笔、墨、纸、人的高度和谐统一，这样写出来的字才有意境，而无纸墨化写字平台，大大削弱了书法的书写感受。

第三节 "互联网+"时代的书法教学

一、在线直播授课

直播授课是当下主流的在线教学模式，打破时间和地域限制，受到教师和学生的青睐，特别是在停课不停学的情况下，直播课可以让教学持续。

目前网络直播授课的平台众多，教师和学生可以选择适合自己的平台开直播课。本书以钉钉（Ding Talk）为例。

开设直播课前首先要创建钉钉班级群，选择建立场景群，进入后选择建立班级群，邀请班级学生进入班级群。

在直播教学前，应该提前进行教学设备的调试。准备好电脑、教案、笔、教具，等等。在安静的房间，测试耳机是否正常。摄像头的位置，能否把自己的面貌录入，等等。尤其是对课件的准备，教师要提前调试是否能在直播课中顺利播放。

点击在线课堂按钮发起直播授课。这时屏幕会弹出窗口，输入课程名称，选择打开语音摄像头等操作。进入课堂后可以播放一首练字歌，测试直播信号的同时提前营造轻松的授课氛围。点击添加学生，伴随着活泼轻快的音乐，学生们陆续进入在线课堂，准备上课。可将声音设置成全员静音模式，主屏幕显示黑板，侧栏显示教师和学生。黑板功能可用画笔、图形、文字、橡皮、计时器等功能进行操作演示，也可以选择打开文件，将制作的课件、图片、视频等展示文件在主屏幕操作演示。在线课堂模式可以实时实现画中画，让学生在看课件时看到教师，教师要求学生打开摄像头，方便教师管理课堂。当课堂需要互动时，教师可开启其个人语音，方便对话；也可以开启某位学生粉笔功能，让学生直接在黑板上进行操作。当有学生需要提问时，点击举手按钮，教师端会有黄色小手闪烁提示，教师可以与学生进行互动沟通，设置声音模式，把麦克风和扬声器声音设置适中。

如果有多个班级需要同时上课，可以点击多群联播，添加其他的班级群，这样就能同时让多个班级的学生一起学习。注意，这个需要直播的教师必须加入其他班级群，如果未加入需要请该班级的群主确认授课教师加入群中的教师身份中。

与学生互动时注意，多设置一些选择题让学生回答（用动作表示答案），因为学生大多是在手机上收看直播，大家都说比较嘈杂，回复信息又比较麻烦，例如教师可以问：

"同学们，横的起笔听明白了吗？听明白的点头示意，不明白的摆手示意"，这样学生就能在收看直播时快速地回复答案。学生回复后，教师也可以直观地看到学生的回复情况，视情况再进行授课。

课堂中如果让学生练习写字，也可以让学生把写好的字用手机直接拍照上传。

下课后可在家校本发起布置作业，发布作业后，学生会收到作业通知，学生提交作业到家校本，教师就可以在班级群内进行作业批改回复了。

二、慕课

慕课（MOOC，全称 Massive Open Online Courses），即大规模开放在线课程。2012年被称为慕课元年，正是从这一年开始，在全世界范围内刮起了一股巨大的慕课风潮，同时其开放性为它的发展带来了重要的契机。近年来，随着慕课的发展，各种形式的书法慕课也逐渐被开发出来，并提供给大众免费使用。

慕课最大可能地整合了全国的优质书法课程，只要人们有书法学习的需要，就可以如临现场般感受到众多优秀教师的书法教学，从而提高自己的书法审美、书法创作、书法表现等诸方面的能力和水平。

我们可以从 MOOC 中国、学堂在线、中国大学 MOOC 等几家较大的在线教育平台上搜索到书法在线课程，其中的大部分课程都是面向大众免费开放的。

不过略显遗憾的是当下的书法慕课多面向大学生群体，教师可以有选择地学习或摘录慕课中合适的书法教育资源，向学生传播。

三、书法双师教学

书法双师教学是由两名教师一起开展教学活动，一名是书法专业教师，负责线上讲解与示范；另一名是线下教师，负责线下互动辅导教学，包括制订教学计划、课堂管理、组织学生讨论、教学重难点总结答疑、批改作业、个别辅导、查漏补缺、巩固练习、检查和评价学习效果等课堂环节。

书法双师教学尝试用信息技术解决书法师资普遍不足、优秀资源匮乏等问题，实现专业资源共享，解决书法优质专业资源不平衡的问题。这种教学模式可以最大化地实现优质专业资源利用程度，促进教育向均衡化、公益性、创新型发展，全面提升书法教学质量。

（一）书法双师教学的模式

书法双师教学有两种模式，一种是远程实时直播教学，另一种是专业数字化课程播放。书法远程实时直播教学中，在线教师可以与学生互动，同时要求线下教师与线上老师有一定的默契度，共同制订教学计划、课程设计、互动辅导的课堂内容。

专业数字化体系播放的课程是线上书法专业教师进行深入浅出的讲解，规范到位的示范，在书法教学中运用临、摹、讲、写等书法教师的基本功，引导学生进行学习与欣赏，或参与者书法表现创作等实践活动。专业数字化课程播放给予线下老师教学主导作用，适合非专业技能教师进行书法教学，线上进行专业的讲解与示范，其他工作都由线下教师组织进行。

（二）书法数字化教学系统

书法数字化教学系统将传统的文化与现代的信息技术相融合，将专业教师的讲授制作成数字课堂，既有清晰可见的动画演示，又有生动形象的名家示范，在很大程度上解决了书法师资匮乏的实际问题。

基于书法数字化教学系统的双师教学，是学校任课教师基于对数字化教学平台上优质教学资源的分析，依托数字化教学平台和互联网技术并选择合适的授课方式来完成教学目标的教学过程。

个体分散化的教育资源存储方式在书法教育的发展空间一定是有限的，书法数字化教学系统则整合硬笔书法、软笔书法的内容，适合义务教育、高中、职业院校、普通高校以至成人书法教学，提供适用不同学段的书法教学资源，给书法教学带来极大便利。

书法数字化教学系统如果让学生配合移动学习终端使用，教师可以对学生的练习作业快速评价、反馈，使学生得到及时的指导。学生用手机扫一扫字帖例字二维码，其书写要领就能通过生动形象、清晰可见的视频呈现，学生的学习兴趣得到了很大提高。这一功能同时加强了书法教育家校融合，家长可以通过手机端了解字的书写要领，给予孩子准确指导，又能趁机了解孩子的学习情况。

（三）线下教师的职责

在书法双师教学中，线下教师的作用十分重要。

一堂书法双师课程的效果与线下教师的投入密不可分，线下教师工作是保障双师教学效果的关键一环，只有线下教师全程深度参与，维护课堂秩序、辅导学生学习并进行互动答疑、展示、分享等，带动学习氛围，才能保证书法双师教学的效果。

线下教师的职责有：

1.制订教学计划。书法课程以学期为单位，线下老师需要制订每学期的教学计划，包括但不限于讲课次数、教学内容、书法活动、考评。

2.熟悉教室内多媒体教学仪器的使用与管理，负责管理运行教室多媒体仪器。

3.结合书法数字化教学系统制作教学教案。线下教师也要备课，熟悉教学目标，重点、难点，要反复观看专业教师授课视频，熟悉授课环节及时段时长；设计板书授课内容；设计单课课程导入与总结。

4.课程中用心听专业教师授课，选择要点适当板书，或停下视频讲授、复讲课程内容，或重播线上教师讲授。

5.对课堂进行管理，密切关注学生的学习动态和状态，遇到重点、难点及时点拨，指导学生学习，把控课堂秩序。

6.进行知识点串讲和课堂总结，布置、批改并讲解作业。

7.课堂记录反馈。对学生进行学习效果评估，阶段性进行学习测评考核。

8.书写能力提升。教师要提升自身的书写能力（三笔字）、书法鉴赏能力、书写点评能力。

第三编 书法文化与欣赏

第一章 汉字的基础知识

第一节 造字的方法

书法是从文字的美化而来，汉字的形成与构造的大概，我们可以知道一下。我国文字是由形、意、声三要素构成的。

班固的《汉书·艺文志》把当时通行的文字归纳为六类，称为六书。六类为象形、象事、象意、象声、转注、假借。就是从形、意、声三要素各立一种纯用外，再加了三种两者兼用的。

东汉许慎在《说文解字叙》中则将六书列为象形、指事、会意、形声、转注、假借：

一曰象形，象形者，画成其物，随体诘诎，日月是也；

二曰指事，指事者，视而可识，察而见意，上下是也；

三曰会意，会意者，比类合谊，以见指撝，武信是也；

四曰形声，形声者，以事为名，取譬相成，江河是也；

五曰转注，转注者，建类一首，同意相受，考老是也；

六曰假借，假借者，本无其字，依声托事，令长是也。

历来讲六书的还有一些在名称与顺序上小有出入，不再多提。六书的形成先后，可以推想：象形文字，应为最早产生。形无可象，产生指事。事无可指，产生会意。意无可会，产生谐声。声无可谐，产生转注。无可转注，产生假借。从前文字学者承认前四种合乎造字方法，后两种为用字方法，也有说"不过是补助性质而已"。

第二节 汉字的基本笔画

笔画是构成楷书汉字字形的最小连笔单位。唐朝孙过庭在《书谱》里说："积其点画，乃成其字。"

笔形即笔画的形状，楷书汉字的笔形依据笔势和走向可以分为数十种，最基本的笔形有 5 种，排列顺序为横（一）、竖（丨）、撇（丿）、点（丶）、折（乛）。

一、横画

横，是从左向右运行的笔画。在汉字的基本笔画中，横是主要的笔画之一。由于用笔方法的变化，形成了横的各种不同形态，主要有长横、短横。

自唐楷产生，楷书与隶书、篆书最明显的区别就是横画不再写成水平，主要是手的书写以腕或肘为支点，笔的运行轨迹是左低右高的运动线，而且这样写汉字还具有动感，所以要明确告诉学生"横"不要写成水平。

二、竖画

竖，是笔从上往下而成的纵向笔画，它也是汉字的主要笔画之一。竖画是字的骨干，起支柱的作用。竖在形态上可分长竖、短竖，因其所处的具体结构部位的不同，具有长短、轻重、左右弯弓的变化。

三、撇画

撇，是从右上方起笔，向左下方行笔提收形成的笔画。处在不同的结构位置上，往往需要以不同的势态出现，如长撇、短撇、直撇等。在特定位置上，其斜、竖的角度也很重要。

四、点画

点，是汉字基本笔画的根源，其他各种笔画无不始于一点，同时又是点的延伸。

点，也是汉字笔画中形态最丰富的一种。一个点处在特定的结构位置，往往形成其不同的形体势态，因此，点画的变化也最多。按形体势态划分，有圆点、左点、右点、上点、下点、竖点、挑点、撇点等。

五、折画

折，是一个组合笔画，两个笔画交接拐角处就是折画。折也有不同的形态，有方折，也有圆转，各显姿色，故又有转折之名。折画一般有横折、竖折和撇折等。折笔笔形有25种之多。

第三节 汉字的笔顺

笔顺是指书写每个汉字时笔画的顺序和方向。

一个字的书写顺序，主要是根据有利于结构安排的原则确定的。掌握了这种书写顺序，对搭配点画、美化字形、提高书写的准确性和书写的速度，都极有好处。

汉字书写的一般笔顺，归纳起来大致如下：

1.先横后竖，如：干、十；

2.先撇后捺，如：人、入；

3.从上到下，如：吾、示；

4.从左到右，如：仔、细；

5.先中间后两边，如：承、办；

6.先外后里，如：间、闰；

7.带点的字，点在正上或左上，先写点，如：义、斗；

8.带点的字，点在右上或字里，后写点，如：尤、叉；

9.两面包围结构的字，右上和左上包围结构，先外后里，如：句、厅；

10.两面包围结构的字，左下包围结构，先里后外，如：远、廷；

11.三面包围结构的字，缺口朝上的，先里后外，如：凶、函；

12.三面包围结构的字，缺口朝下的，先外后里，如：同、网；

13.三面包围结构的字，缺口朝右的，先外后里，如：区、巨；

14.全包围结构的字，先外后里再封口，如：国、四。

绝大多数字的笔顺可以参照上述规则书写，但笔顺的规则也不是一成不变的，如"上"字，先竖再短横后长横；如"女"是横画与撇画交叉的，但书写笔画不是先横后撇，而是最后一笔才写横。有些字，它们的点画以及形状相似，但书写笔顺不一样，如"占"和"与"。"占"是先写上面的一竖，而"与"是先写上面的一横。"水"与"火"很相似，但"火"的笔顺不是先写当中的"人"，而是先写左右两点。

第四节 汉字的部首

部首是可以成批构字的一部分部件，含有同一部件的字，在字集中均排列在一起，该部件作为领头单位排在开头，成为查字的依据。

部首有主部首和附形部首之分。有不同写法的部首中，具有代表性书写形式的部首是主部首。主部首有 201 个。有不同写法的部首中，附属于主部首的书写形式是附形部首。附形部首有繁体、变形和从属三种，共 100 个。

由单笔画充当的部首，叫单笔部首。

偏旁是合体字的构字单位，有 500 多个。旧称合体字左为偏右为旁，今不论左、右，或上、下，统称作偏旁。在汉字里，偏旁，要么表义，要么表音。

我们常把偏旁部首连在一起说，认为"偏旁"和"部首"是一回事，其实是两回事。

偏旁和部首是两个不同的概念。一般来说，部首也是偏旁，是表义的偏旁，但偏旁不一定是部首，偏旁与部首是整体与部分的关系。

汉字部首归部原则：

1. 从汉字的左、上、外位置取部首。如果左和右、上和下、外和内都是部首，则只取左、上、外位置的部首。

示例：

彬（木） 衷（亠） 圆（囗）

2. 如果汉字的左、上不是部首，右、下是部首，则取右、下位置的部首；半包围结构的字，如果外不是部首，内是部首，则取内。

示例：

颖（页） 弯（弓） 岛（山）

3. 如果汉字的左和右、上和下都不是部首，则按照先左后右、先上后下的顺序，从偏旁的位置取部首。

示例：

蠲（皿） 蠢（虫） 赢（月）

4. 如果由上述位置取不到部首的左右结构、上下结构、包围结构的字或其他字，则从起笔的位置取单笔部首。

示例：

畅（丨） 我（丿） 良（丶）

5. 如果在取部首位置上少笔与多笔几个部首出现叠合时，则取多笔部首，不取少笔部首。

示例：

意（音） 靡（麻） 太（大）

第五节 汉字的结构

汉字结构指部件构成汉字的方式和规则。

汉字结构有独体结构和合体结构之分。

独体字是指由笔画组成、不能或不宜再行拆分、可以构成合体字的汉字。现代汉字的范围内有 256 个常用独体字。

汉字的合体结构有 12 种，本书编写者概括为 5 种，即上下（包括上中下）、左右（包括左中右）、半包围（包括左上包、右上包、左三包、左下包、上三包、下三包）、全包围和镶嵌结构。

第二章 硬笔书写的基本知识

第一节 硬笔书写的历史

现代钢笔源于西方，历史有两百年左右。而中国的硬笔书法历史则已有至少两千余年，其起源可追溯至殷商时期，甲骨文中即有最古老的硬笔字。

20 世纪进行的探险和考古发掘中，西方探险家和中国考古工作者曾在中国西部发现过 10 多枚由竹管、芦苇管、竹批、红柳等材料削制的硬笔。1906 年英国人斯坦因从新疆若羌县米兰遗址发现芦苇管笔，1972 年中国考古工作者在甘肃武威市张义堡西夏遗址发现竹管笔。从形制上看，这两种笔极为相似，都用木质材料精工削磨，有锋利的笔尖和马耳形笔舌。让人吃惊的是，这两种笔的笔舌正中都有一条缝隙，呈双瓣合尖状，与今日钢笔笔舌有异曲同工之妙。

1991 年，在敦煌市西北哈拉淖尔湖东南岸汉代高望燧遗址中，一名矿工发现了一枚汉代觚、二枚铜箭镞及一件竹子削制的器物，这是迄今为止中国发现最早的竹锥笔，距今已有近两千年。

中国史书中有"古笔多以竹"的记载，敦煌高望燧遗址发现的这枚汉代竹锥笔，就属此类。该笔形状扁平，一头平齐，一头削尖，从笔尖残留的漆痕看，显然已经用于写字，正好印证了中国古代"竹梃蘸漆而书"的历史事实。

敦煌莫高窟藏经洞出土的经卷中，还发现了古代的硬笔书法写本。

目前已鉴别出的敦煌硬笔写本达两万多页，有纸本、绢本；包括了汉文、梵文、突厥、吐蕃、回鹘、西夏等多种古民族文字；内容涉及佛经、文学作品、契卷书信和经帖杂文；书体包括硬笔楷书、行书、行草、草书等。

中国书法的诞生可以说是从硬笔书法开始的。汉字硬笔书法起源于殷商，盛行于周、秦代，式微于毛笔出现后的秦汉至民国时期，近现代再度成为汉字书写的主要工具。两千多年来，汉字硬笔书法从未间断，是贯穿中国五千年书法史全过程的通脉。

第二节 硬笔该如何选择

汉字书写工具分硬笔和软笔，硬笔书写工具包括钢笔、圆珠笔、蘸水笔、铅笔、塑头笔、竹笔、木笔、铁笔等，以墨水为主要载体，来表现汉字书写技巧，有几十种或上百种。具有携带方便、书写快捷、使用广泛等特点。工欲善其事必先利其器，选择一杆好笔，不但写出好心情，出成绩还快。初学者对笔的要求无非两点：粗细适中，下墨顺畅即可。

铅笔：作为最简单的笔，是低年级初学者入门用笔，选择时尽量选用三棱笔，在拿笔姿势规范前尽量避免圆柱形笔杆，因为三棱笔杆能有效地帮助改善握笔姿势。在笔尖上，铅笔有着所有硬笔最佳的摩擦感，以及更优秀的轻重分辨感。

钢笔：作为进阶硬笔，钢笔被广大硬笔爱好者选用。钢笔不同的品牌型号以及笔尖是否磨过都会有着不同的书写体验。但整体来说钢笔与纸面的摩擦感很好，在行笔时的抬压过程中也比较容易写出轻重变化。

中性笔：优点是方便携带，便宜，不用担心墨水洒在包里。但缺点也很明显，与纸面接触比较顺滑，难以操控。另外其笔尖的构造，使得写出轻重变化更为困难，但还是能写出来的。如果选择用中性笔练字，应有一定基础，且笔尖最好选用 0.7mm。

水笔，美工笔：这两款笔是练字时的禁笔。因为其独特的构造，使得写出来的字会比平时所练习的提升一个档次，笔锋更清晰，轻重缓急更加明显，但这是笔的功劳，练字时不用为宜。

第三节 规范的坐姿和握笔姿势

2018 年 8 月，教育部、国家卫生健康委员会等八部门联合印发《综合防控儿童青少年近视实施方案》（以下简称《方案》），其中对纠正不良书写习惯、错误握笔姿势等提出明确要求。

《方案》强调"避免不良用眼行为"，并明确提出，监督并随时纠正孩子不良书写姿势，应保持"一尺、一拳、一寸"，即眼睛与书本距离应约为一尺、胸前与课桌距离应约为一拳、握笔的手指与笔尖距离应约为一寸。

书写时的坐姿，我们建议教学时这样指导学生：

1.头正身直足平。头放正，不能歪斜着头；身正，身子也要放正不能侧着或卧着；足放平，脚平放在地上，不要跷腿垫脚。

2.眼离纸面一尺。眼睛要离纸面有一尺的距离，不能靠得太近，也不能离得太远，现在有很多人近视，是习惯离纸面很近，这样的习惯不好。

3.胸离桌缘一拳。胸不能依靠着桌子，也不能离桌子过远，以一拳的距离为宜。

4.手离笔尖一寸。手离笔尖的距离为一寸，这是抓笔的技巧。抓笔一般大约在整支笔的前三分之一处。

关于握笔姿势，我们建议教学时这样指导学生：

1.大拇指和食指轻轻地捏住笔杆，食指稍靠前，大拇指稍靠后，捏住的位置距离笔尖约一寸。将笔杆压到食指根部第一骨关节的位置。注意大拇指和食指之间留一条缝隙，不要对捏或交叉。

2.中指的指甲根部托住笔杆的后下方，与大拇指、食指形成三角支架。

3.无名指、小拇指自然弯曲并拢，形似拳心握着一个圆筒冰激凌。

4.小拇指结合手掌内侧、腕骨形成稳定的书写支撑，指腕结合来写字。

学生书写时，我们建议指导学生做到五移：

1.移纸：写完一两个字后要移纸不移手；很多学生是移手不移纸，造成身随手移，坐姿歪斜，眼睛斜视。

2.移肘：很多学生手臂全放在桌边线内，应该是手臂对称45°摆放在桌面上，三分之二移在桌边线以内，三分之一移在桌边线以外；与身子形成稳定的三角支撑关系，很易控制胸距桌边线一拳。

3.移笔：书写落笔点是鼻尖正对笔尖中心线向右移一厘米；相反，如落点在中心线上或往左的位置就会挡着视线，头自然向左偏导致头向左歪斜，头不正。

4.移臀：要虚坐不满坐，臀部向凳面前移三分之一。

5.移身：凳高、桌高要与身子相匹配，坐在凳子上手臂下垂的肘关节与桌面平行为宜。桌凳不匹配现象在家最为突出，一条凳子几十年陪伴一张桌子。

掌握握笔要领，书写姿势正确，是小学生硬笔学习的主要目标与内容。我们建议教师在讲授基本笔画前，至少拿出 1 课时讲授握笔要领和书写姿势。在基本笔画的教学过程中，教师要随堂纠正学生的双姿错误，引导学生养成良好的书写习惯。

第四节 硬笔楷书的特点

楷书是汉字的主要书体。硬笔楷书具有以下几个特点：

一、讲究用笔

硬笔楷书的笔画有提顿、藏露、方圆、快慢等用笔方法。不同的用笔方法产生不同的形态、质感的笔画，不同的笔画需要不同的用笔方法去体现。硬笔楷书字形较小，笔画粗细变化不大，如果书写时用笔稍不注意，笔画就达不到要求，会出现软弱无力、僵硬死板等毛病。因此，必须经过严格训练才能掌握用笔方法。

二、笔画分明

硬笔楷书的每一个笔画的起笔和收笔都要交代清楚,工整规范,干净利落,不能潦草、粘连。但是笔画与笔画之间又要有内在的呼应关系,使笔画达到:既起收有序、笔笔分明、坚实有力,又停而不断、直而不僵、弯而不弱、流畅自然。

三、结构方整

硬笔楷书在结构上强调笔画和部首均衡分布、重心平稳、比例适当、字形端正、合乎规范。字与字排列在一起时要大小匀称、行款整齐。虽然也有形态上的参差变化,但从总体上看仍是整齐工整的。

正是由于以上原因,历代许多书家都主张把楷书作为学习书法的第一步。学生在小学阶段主要是学好写硬笔楷书,打好基础,为上中学写行楷书创造条件。实践证明,只有经过系统的楷书练习,才能了解汉字笔画和结构的特点和要求,才能掌握汉字的组合规律,为学写行楷书奠定书写基础,从而练就一手合乎法度、流畅自然的行书和草书。

练习楷书,应从笔画和结构两方面下功夫。练习笔画,主要解决用笔方法问题,目的是生产合格的"零件";练习结构,主要是解决笔画和部首之间的组合方式问题,目的是学会结构方法,掌握结构规律,从而达到将字写端正、整齐、美观的要求。

第五节 硬笔楷书书写要领

汉字的特点是由笔画组成的,笔画是构成汉字的最小结构单位。硬笔楷书的笔画是以单线条为其表现形式。由于汉字结构的千变万化,不同的笔画表现的线条形态不同,同一种笔画在不同字的结构中又表现为不同形态的线条。概括起来,主要有以下特点:

直与弧。一般横、竖为直;撇、捺、钩为弧。书写时,做到直如线,弧如弓,直而不僵、弧而不弱。

弯与折。一般带有弯的笔画,如竖弯、竖弯钩的弯处为弯;折画的折处为折。书写时,弯处要圆转,用提笔;折处要折中带圆,用顿笔。做到弯而不软,折而无死角。

长与短。这是笔画之间相比较而言的,是由于字的结构需要决定的。如长横相对短横为长,短横相对长横为短;长竖相对短竖为长,短竖相对长竖为短;长撇与短撇也是同理,等等。

粗与细。这也是笔画之间相比较而言的，是因笔尖用力大小不同而形成的。如横、竖下笔和收笔较重，线条粗；行笔较轻，线条较细，带有尖状的笔画，如撇、钩、捺、提画的下笔和行笔较重，线条较粗；收笔时用提笔，线条细、出尖。

斜与正。这是指汉字笔画形态的可变性。同一种笔画在不同结构类型的字中形态会发生一些变化，以求得结构的平稳。比如撇画，在"人"字中写成斜撇，而在"月"字中就要写成竖撇；横画在"上"字中要平，而在"七"字中就要写成左低右高的斜横。这样"七"字的笔画才均匀，重心才平稳。

上述笔画的这些特点，反映了硬笔楷书线条的丰富性、可变性，从不同的角度体现了汉字笔画线条的动态美和力度美，为硬笔书法的艺术创作奠定了基础。

学习楷书，首先要从练习笔画开始，笔画书写好与坏，直接影响到字的结构效果。笔画好比零件，结构好比装配，笔画写得笔笔过硬，装配成字，就容易做到个个合格。

硬笔楷书的笔画书写要求，主要可概括为三个字：写、挺、准。

写，就是书写每一个笔画都要有下笔（或重或轻）、行笔（轻一些，线条或直或弧或弯）、收笔（或顿笔或轻提出尖）三个步骤，不能平拖或平划。在汉字的基本笔画中，横画比较能代表各种笔画的运笔过程。其道理在于：千万条笔画，生于一点，以点成画，积画成字。比如一点延伸到右方就是横，横垂直向下就是竖，横向左下就是撇等等。只要掌握了写横的基本要领，即：重下笔——轻行笔——重收笔，其他笔画也离不开这条运笔路线，只是用力部位和形态不同而已。书写笔画时，是写，还是平拖平划，笔画表现出的效果是不同的。

挺，就是要将笔画写得挺拔、刚劲、有力，体现笔画"挺"有两个主要因素：一是带有横或竖的笔画要平、要直，笔画不能上下或左右颤抖，做到直如线；二是带有"弧"或"弯"的笔画不能出现折弯，应圆转自如，做到弯如弓。

准，就是每写一个笔画之前要看准下笔的位置，这主要指在临摹字帖过程中，一要看准字帖上字的笔画在格子中间的位置；二要看准笔画的形态，注意同一种笔画在不同字的结构当中或在同一个字的不同部位有长、短、横势、竖势、斜势等不同的表现形态；三要看准笔画的粗细，是重下笔还是轻下笔，收笔是顿笔还是出尖。做到位置准确、长短适宜、粗细恰当。

第三章 硬笔书法作品欣赏

　　字写好了给人以美感，硬笔书法就是在字写好的基础上的升华。一幅硬笔书法作品，它的线条、结构、章法、用墨，以及钤印和落款，都是很讲究的。近年来，硬笔书法在借鉴软笔书法创作理念后走向艺术化、专业化，作品形式从单一性走向风格的多元化，从最初的实用硬笔书法逐步发展到纯硬笔书法艺术。

　　本章我们推荐三位当代硬笔书法作者，教师可通过互联网寻找他们的作品，呈现给学生，把他们的书法特点介绍给学生。

庞中华

　　庞中华被誉为中国硬笔书法第一人。庞中华出生在四川达州一个偏僻的小山村，未受过正式的书法教育，20 岁之前甚至没有临写过一本字帖。参加工作后，他在写字中找到了人生的乐趣。1980 年出版《谈谈学写钢笔字》，之后该书不断再版，到 20 世纪 80 年代末，这本小书竟突破了 1000 万册。他被誉为中国硬笔书法第一人，并担任了中国硬笔书法协会主席、名誉主席，还当选为全国政协委员。

　　庞中华的硬笔书法是其内心世界的写照，书画评论家高秀林评庞中华书法特征为"端庄稳实，舒展开朗，雄奇刚健，典雅秀丽"。

　　在文怀沙看来，庞中华以其聪明颖悟，勤学覃思，学古而能变通，独创"庞体"硬笔书法而享誉学林。文怀沙眼中的庞中华书法正如卫夫人《笔阵图》所谓"多骨""丰筋"。苏东坡云："吾书虽不甚佳，然自出新意，不践古人，是一快也。"文怀沙认为，庞中华的硬笔书法之所以深受亿万识者钟爱，正在于"自出新意，不践古人"，它既不同于二王，又有别于颜柳欧苏，它是 20 世纪新时代的艺术。

刘惠浦

　　刘惠浦，湖南省邵东人。1946 年生，毕业于贵州师范大学。现为中国书法家协会会员、中国硬笔书法家协会副主席、贵州省美术出版社社长。1996 年被聘为贵州省文史研究馆特聘研究员。

　　刘惠浦的小楷看似平正、实则险绝，细读更加精妙绝伦，世人对其小楷的评价有两大极致：一曰法度极致、二曰灵活极致。"中国人写字都是从正楷开始的，正楷是戴着

'镣铐'的舞蹈，那'镣铐'就是中国人的规范，是做人的横平竖直，刘惠浦的正楷字戴着镣铐同时还跳得非常潇洒。"文化学者顾久先生曾这样评价刘惠浦的书法。

赵彦良

赵彦良，1946 年生，上海川沙人。中国书法家协会会员，中国硬笔书法家协会副主席，西泠印社社员。

赵彦良的书法不论是硬笔还是毛笔，其精神气象都表现出一个南方人的清美之气，在书体上，以行书和楷书见长，字形唯美整齐，清秀端庄，用笔上中规中矩，表现出了"根植传统、守望传统"的艺术功底，这也与个人的修养、做人、做事风格十分相近，可谓"字如其人"。

中小学书法教育指导纲要

　　汉字和以汉字为载体的中国书法是中华民族的文化瑰宝，是人类文明的宝贵财富。书法教育对培养学生的书写能力、审美能力和文化品质具有重要作用。为推进中小学书法教育，传承中华民族优秀文化，特制定本纲要。

一、基本理念

　　中小学书法教育以语文课程中识字和写字教学为基本内容，以提高汉字书写能力为基本目标，以书写实践为基本途径，适度融入书法审美和书法文化教育。

　　1.面向全体，让每一个学生写好汉字。识字写字，是学生系统接受文化教育的开端，是终身学习的基础。中小学书法教育要让每一个学生达到规范书写汉字的基本要求。

　　2.硬笔与毛笔兼修，实用与审美相辅。中小学书法教育包括硬笔书写和毛笔书写教学。书法教育既要重视培养学生汉字书写的实用能力，还要渗透美感教育，发展学生的审美能力。

　　3.遵循书写规范，关注个性体验。中小学书法教育要让学生掌握汉字书写的基本规范和基本要求，还要关注学生在书法练习和书法欣赏中的体验、感悟和个性化表现。

　　4.加强技能训练，提高文化素养。中小学书法教育要注重基本书写技能的培养，不断提高书写水平。同时在教学活动中适当进行书法文化教育，使学生对汉字和书法的丰富内涵及文化价值有所了解，提高自身的文化素养。

二、目标与内容

　　（一）书法教育总体目标与内容。

　　1.学习和掌握硬笔、毛笔书写汉字的基本技法，提高书写能力，养成良好的书写习惯。

　　2.感受汉字和书法的魅力，陶冶性情，提高审美能力和文化品位。

　　3.激发热爱汉字、学习书法的热情，珍视中华优秀传统文化，增强文化自信与爱国情感。

　　（二）硬笔学习的目标与内容。

　　1.掌握握笔要领，书写姿势正确，不急不躁，专心致志。学习正确的运笔方法，逐步体会起笔、行笔、收笔的运笔感觉，逐步感受硬笔书写中的力度、速度变化，逐步体会铅笔、钢笔书写的特点。养成"提笔就是练字时"的习惯。懂得爱惜文具。

　　2.小学低年级学习用铅笔写正楷字，掌握汉字的基本笔画、常用的偏旁部首和基本的笔顺规则；会借助习字格把握字的笔画和间架结构，书写力求规范、端正、整洁，初步感受汉字的形体美。小学中年级开始学习使用钢笔，能用钢笔熟练地书写正楷字，做到平正、匀称，力求美观，逐步提高书写速度。小学高年级，运用横线格进行成篇书写练习时，力求行款整齐、美观，有一定速度；有兴趣的学生可以尝试用硬笔学写规范、通行的行楷字。初中阶段，学写规范、通行的行楷字。高中阶段，可以学习用硬笔书写行书，力求美观。

（三）毛笔学习的目标与内容。

小学 3—4 年级

1.掌握毛笔的执笔要领和正确的书写姿势，了解笔、墨、纸、砚等常用书写用具的常识，学会正确使用与护理。注意保持书写环境的整洁。

2.学习用毛笔临摹楷书字帖，掌握临摹的基本方法。学会楷书基本笔画的写法，初步掌握起笔、行笔、收笔的基本方法。注意利用习字格把握字的笔画和间架结构。

3.开始接触楷书经典碑帖，获得初步的感性认识。尝试集字练习。

小学 5—6 年级

1.继续用毛笔写楷书。比较熟练地掌握毛笔运笔方法，能体会提按、力度、节奏等变化。借助习字格，较好地把握笔画之间、部件之间的位置关系，逐步做到笔画规范，结构匀称，端正美观。保持正确的书写姿势和良好的书写习惯。

2.尝试临摹楷书经典碑帖，体会其书写特点，逐步提高临摹能力。在临摹或其他书写活动中，养成先动脑再动手的习惯。

3.学习欣赏书法作品。了解条幅、斗方、楹联等常见的书法作品幅式。留意书法在社会生活中的应用。通过欣赏经典碑帖，初识篆、隶、草、楷、行五种字体，了解字体的大致演变过程，初步感受不同字体的美。

4.有初步的书法应用意识，喜欢在学习和生活中运用自己的书写技能。

初中阶段

1.继续用毛笔临摹楷书经典碑帖，力求准确。有兴趣的学生可以尝试学习隶书、行书等其他字体，了解篆刻常识。

2.了解一些最具代表性的书家和作品。学习从笔画、结构、章法以及内涵等方面欣赏书法作品，初步感受书法之美，尝试与他人交流欣赏的心得体会。

3.愿意在班级、学校、社区活动及家庭生活中积极运用自己的书写技能。

高中阶段

1.巩固提高义务教育阶段书法学习成果，继续用毛笔临摹经典碑帖。

2.结合语文、历史、美术、艺术等相关学科的学习，认识中国书法的丰富内涵和文化价值，提升文化修养。

3.可以通过书法选修课深入学习，发展特长；可尝试书法作品的创作。

三、实施建议与要求

（一）教学建议与要求。

1.合理安排书法教育的教学时间。义务教育阶段书法教育以语文课为主，也可在其他学科课程、地方和校本课程中进行。其中，小学3—6年级每周安排1课时用于毛笔字学习。普通高中可开设书法选修课。

2.注重培养学生的书法基本功。临摹是书法学习的基本方式，临摹过程包括读帖、摹帖、临写、比对、调整等阶段。在临写的初始阶段，要充分发挥习字格在读帖和临写过程中的重要作用，引导学生观察范字的笔画、部件位置和比例关系。在临摹的过程中，养成读帖的习惯，形成"意在笔先"的意识。学生用毛笔临摹楷书经典碑帖，力求准确。部分书写水平较高的学生可尝试较准确的背临。

3.重视养成良好的书写习惯和态度。在书法教学过程中，尤其是学习的初始阶段，教师要对学生的书写态度、书写姿势、书写用具的使用和保持书写环境整洁进行指导，严格要求。

4.遵循书法学习循序渐进的规律。小学生初学书写首先学用铅笔，随着年龄的增长，逐步学习使用钢笔和毛笔。书法教学要以书写笔画为起点，一般应从结构简单的字到结构复杂的字，从单字练习到篇章练习，从观察例字、描红、仿影、临帖到独立书写。教师要科学、合理、系统地安排教学进程，使学生逐步掌握基本技法，不断提高书写能力。硬笔书写教学要贯穿中小学书法教育的全过程。

5.强化书写实践。要通过课堂练习、书写作业和各学科书面作业等多种方式保证学生的书写实践活动。各学科教师要注重对学生书写实践的指导，对日常作业要有明确的书写要求。努力把练字与应用有机结合起来，避免加重学生课业负担。

6.明确书法教学中文字的使用要求。按照《中华人民共和国国家通用语言文字法》有关规定，硬笔教学应使用规范汉字，毛笔临帖要以经典碑帖为范本。

7.发挥教师的示范作用。各科教师都要在板书、作业批改和日常书写中发挥表率作用，成为学生认真书写的榜样。

8.倡导多样化的教学方式方法。书法教学可采用书写实践、作业展示、欣赏评价、讨论交流等形式，激发学生学习兴趣，提高教学效率。鼓励学校、教师、学生通过互联网获取丰富的书法教育资源，加强交流，构建开放的网络书法教学平台，充分利用现代信息技术进行生动活泼的书法教学。

9.重视课内外结合。要引导学生在生活中学书法、用书法，积极开展书法教育实践活动。通过社团活动、兴趣小组、专题讲座、比赛展览、艺术节、文化节等多种形式，创设书法学习环境和氛围。充分利用少年宫、美术馆、博物馆、名胜古迹等资源，拓展书法学习空间。有条件的地区、学校还可开展校际、地区以及国际书法教育交流活动。鼓励学生在学习、生活中应用书法学习成果，发展实践能力。

（二）评价建议。

1. 评价目的。中小学书法教育评价要发挥评价的发展性功能，旨在激励学生学习书法的兴趣，养成良好的书写习惯，提高书写水平和审美情趣。

2. 评价重点。小学低、中年级的书写评价，要重视对基本笔画、结构的正确把握；关注认真的书写态度和良好书写习惯的养成。小学高年级还要关注书写的美观与流利。中学要关注书写练习的坚持和书写水平的持续提高。

3. 评价方式与方法。中小学书法教育评价应结合教学需要，灵活采用多种评价方法，可以采用圈点法、批注法、示范法以及作业分析法，也可以采用展示激励、反思总结以及建立成长记录袋等方法。评价过程中要综合采用自评、他评、互评等方式。提倡在各学科考试中设置卷面分。

中小学书法教育不举行专门的考试，不开展书法等级考试。

（三）教学用书编写建议。

1. 中小学书法教学用书包括学生用《书法练习指导》和教师用《书法教学指导》。教学用书的编写应该依照《义务教育语文课程标准（2022 年版）》、高中语文、美术、艺术等相关课程标准和本纲要的有关要求，循序渐进地安排教学内容，设计教学活动，落实教学目标；要体现书法教育的基础性、实践性、阶段性和规范性。

2. 义务教育阶段《书法练习指导》应符合学生的身心发展特点，以书写练习为主体，编入精要的书写技法指导的内容，适当融入书法审美和书法文化的内容。容量适当，难易适度，注意激发学生的学习兴趣，提高学习效率。

小学低年级《书法练习指导》的编写，要参照《义务教育语文课程标准（2022 年版）》附录 4 "基本字表"，参考同学期语文教科书的识字、写字内容，以硬笔书写的范例和书写练习为主体，适当编入精要的书写姿势和书写习惯的指导内容。

小学中、高年级《书法练习指导》的编写，以硬笔楷书、行楷和毛笔楷书为主体，重视书写练习，适当编入精要的书写姿势、书写习惯、书写技法的指导内容，适当融入书法审美和书法文化的内容。

初中《书法练习指导》的编写，以硬笔行楷字书写练习和毛笔楷书经典碑帖临摹为主体，适当编入精要的书写技法指导内容，适当融入书法审美和书法文化的内容。

高中阶段可以按照相关课程标准要求编写书法选修教材。

3. 教师用《书法教学指导》可分学段编写，在教学内容、教学方法、书法文化和书法欣赏等方面为书法教师提供典范资料和方法指导。

义务教育语文课程标准

（2022 年版）识字与写字部分

第一学段（1—2 年级）

1.喜欢学习汉字，有主动识字、写字的愿望。认识常用汉字 1600 个左右，其中 800 个左右会写。

2.学会汉语拼音。能读准声母、韵母、声调和整体认读音节。能准确地拼读音节，正确书写声母、韵母和音节。认识大写字母，熟记《汉语拼音字母表》。

3.掌握汉字的基本笔画和常用的偏旁部首，能按笔顺规则用硬笔写字，注意间架结构。初步感受汉字的形体美。努力养成良好的写字习惯，写字姿势正确，书写规范、端正、整洁。

4.学习独立识字。能借助汉语拼音认读汉字，学会用音序检字法和部首检字法查字典。

第二学段（3—4 年级）

1.对学习汉字有浓厚的兴趣，养成主动识字的习惯。累计认识常用汉字 2500 个左右，其中 1600 个左右会写。有初步的独立识字能力。会运用音序检字法和部首检字法查字典、词典。

2.写字姿势正确，养成良好的书写习惯。能用硬笔熟练地书写正楷字，做到规范、端正、整洁。用毛笔临摹正楷字帖，感受汉字的书写特点和形体美。

3.能感知常用汉字形、音、义之间的联系，初步建立汉字与生活中事物、行为的联系，初步感受汉字的文化内涵。

第三学段（5—6 年级）

1.有较强的独立识字能力。累计认识常用汉字 3000 个左右，其中 2500 个会写。感受汉字的构字组词特点，体会汉字蕴含的智慧。

2.写字姿势正确，有良好的书写习惯。硬笔书写楷书，行款整齐，力求美观，有一定速度。能用毛笔书写楷书，在书写中体会汉字的优美。

第四学段（7—9 年级）

1.能熟练地使用字典、词典独立识字，会用多种检字方法。累计认识常用汉字 3500 个左右。

2.写字姿势正确，保持良好的书写习惯。在使用硬笔熟练地书写正楷字的基础上，学写规范、通用的行楷字，提高书写的速度。临摹、欣赏名家书法，体会书法的审美价值。